의지는 누가 움직이는가

의지는 누가 움직이는가

초판 1쇄 인쇄 2025년 4월 25일
초판 1쇄 발행 2025년 4월 30일

지은이 강동선
펴낸이 金泰奉
펴낸곳 한솜미디어
등 록 제5-213호

편 집 김태일
마케팅 김명준

주 소 (우 05044) 서울시 광진구 아차산로 413(구의동 243-22)
전 화 (02)454-0492(代)
팩 스 (02)454-0493
이메일 hansom@hansom.co.kr
홈페이지 www.hansomt.co.kr

ISBN 978-89-5959-594 5 (03330)

*책값은 표지에 표시되어 있습니다.
*잘못 만들어진 책은 구입하신 서점에서 바꿔드립니다.

어지러운 세상, 올곧게 생각하는

의지는
누가
움직이는가

강동선(철학박사) 지음

한솜미디어

| 책머리에 |

저는 어렸을 때 그렇게 나를 아껴 주던 손위 누나의 죽음을 목격했답니다. 학교에서 집에 왔더니 어머니가 누워있는 누나의 시신을 부여잡고 울고 있었고 누나의 몸은 노란색으로 변해 있었답니다. 부모님은 늘 다투시느라 화목하지 않았기에 누나는 나의 안식처와 다름없었답니다.

평소 동생이 누구에게 조롱을 당하거나 맞았다면 바로 달려가 복수해 줬고 동생에 대한 사랑은 부모님보다 더했다고나 할까요. 이런 누나의 죽음은 어린 저에게 천지진동할 사태였습니다.

장례하기 전 동네에서 총각으로 죽은 영혼과 영혼결혼식을 하는데 초등학생인 제가 상복 입고 상주 노릇했죠. 그리곤 누나를 무덤에 묻었답니다.

저는 머리가 어지럽고 땅이 빙빙 돌면서 제정신 일 수 없었답니다. 그때부터 이유 없이 기운도 의욕도 없는 그냥 시들어 가는 아이였답니다. 그것을 제주도 방언으로 "유울어 간다"고 합니다. 중학교 진학도 못하고 그 유울어 가는 아이를 어머니가 등에 업고 산에 가서 빌고 바닷가와 강가에 가서 빌곤 해도 아이는 시들어 가기만 했답니다.

간신히 다음해에 중학교엘 들어갔지만 시들어 가는(유울어 가는) 병은 더해만 가자, 할 수 없이 이모가 당신이 다니는 천주교 성당에 나를 집어넣고 신부님께 이 불쌍한 아이 살려달라고 애원하여 신부님과 같이 살며 심부름하게 만들었답니다. 물론 학교는 결석하는 상태였구요.

그렇게 한 학기를 신부님 가족으로 살면서 조금 힘을 얻게 됐답니다. 신부님의 사랑과 기도 덕이었을까요. 옛날이라 그렇게 장기 결석한 아이도 받아 주던 시절이어서 다음 학기에 복교를 했지만 한 학기를 결석한 애가 어떻게 수업을 따라갈 수가 있나요. 힘든 학교생활이었고 늘 공부 못 따라가는 열등감으로 고생했답니다. 그러면서도 언제나 죽음의 문제는 나의 가슴에 새겨진 좌우명처럼 머리를 떠나지 않은 채 나를 괴롭힙니다.

더불어 죽음의 문제에서 시작된 존재 전반에 대한 질문이 떠나지 않은 채 이런 문제에 대한 답이 없다는 걸 알고 심한 절망감으로 "죽음이 답이다"라는 결론으로 죽음에 대한 시도를 하곤 했죠. 죽으면 가부간 답의 상태로 되는 것이고 어쩌면 누나를 만날지도 모른다는 기대감까지 섞여 하루는 안덕계곡(서귀포 지명)에서 떨어져 죽으려고 절벽을 찾는데 마침 감산교회 윤계삼 전도사님이 지나가시다가 나를 붙잡고 "뭐 하는 거냐"며 끌고 내려와 교회당에서 장시간 만류해 간신히 죽음을 면하기도 했답니다.

이런 애가 간신히 고등학교를 진학했지만 공부가 될 수가 없었습니다. 늘 머릿속엔 "죽으면 그만인데 공부는 해서 뭐하고 결혼하고 돈 벌면 뭐하나. 누나 죽은 것 안 봤나. 만사 헛된 거 아니냐!" 이게 메인이었습니다. 나의 머릿속에서는 사람들을 도대체 이해할 수가 없었답니다. "아니! 다 죽으러 가는 게 인생이고 죽으면 끝인데 왜 사람들이 저렇게 싸우고 발버둥치며 난리란 말인가?" 이게 참 궁금했고 그러다보니 존재한다는 자체가 온통 왈불가해(日不可解)였습니다.

"도대체 공부는 해서 뭐하나. 얼마 안 있으면 죽을 건데 결국 죽으려고 저 짓들 하는 거 아닌가?"

나는 마침내 결심했습니다.

"아마 어딘가는 이 모든 비밀을 깨달은 도인이 있을 것이다. 대도시에 가면 분명 도인이 어딘가에 숨어 있을 것이다. 도인을 찾아 결판을 내자!", "도인이 없거나 못 찾으면 그때 죽든지 살든지 하자!"

결심하고 신문배달을 하면서 신문구독료 받은 것을 꼬불쳐 부산행 배를 타게 된답니다. 제주농고 1학년을 끝으로 하고 이렇게 도인을 찾아 부산과 서울을 거치며 방황하다 1968년 채필근 목사님을 만나 그리스도인으로 거듭나게 되어 구원 받은 영혼이 되었습니다.

예비해 놓으신 도인은 채필근 목사님이셨으니 하나님의 놀라운 은혜요 신비가 아닐 수 없었습니다. 이런 배경 때문에 나중 목회자가 됐어도 철학적 사유의 습관을 버리지 못해 철학과에 들어가 적잖은 날들을 보냈고 그 과정에서 스쳐간 사변(思辯)들을 펼쳐 놓은 게 이 책의 콘텐츠입니다.

출판에 협조해 주신 출판사 직원들과 독자 여러분께 감사드립니다.

저자 강동선

| 차례 |

책머리에/ 5

제1부 문명은 자연을 파괴하는가

결정론/ 14
자연에 관하여/ 16
열린사회는 비판 가능 사회다/ 18
칸트와 프로이트/ 22
문명은 자연을 파괴하는가/ 26
악은 숙명일까/ 29
에로스(libido)란 야누스/ 32
나는 기계적 유물론자가 아니다 (조국)/ 36
장 폴 사르트르냐 레이몽 아롱이냐/ 38
자연(自然)에 의지(意志)가 있는가/ 41
죽음이란 무엇인가/ 44
사유재산 문제(로크냐 루소냐)/ 48
인간은 악(惡)한 존재인가/ 51
신좌파는 음란교다/ 56
인간에게서 영혼이란 무엇인가/ 60

제2부 100세 현역의 신인류 시대

왜 큰 행사 때마다 비가 오나?/ 68

진보와 사회주의에 속지 않기/ 72
쇼펜하우어의 불교 사랑/ 75
김형석 선생님의 평범성/ 78
4·7선거의 숨은 공로자/ 81
100세 현역의 신인류 시대/ 83
기독교인의 자살률이 높다는 설에 대해/ 86
칸트에게서 위로를 얻다/ 89
유시민의 연역주의/ 91
진중권의 기회이성(機會理性)론/ 94
후보가 넘어지고 대표는 부상당한 시그널/ 96
포이에르바하 비판/ 100
ICBM의 공중 폭발/ 104
용불용설은 유효한가?/ 106

제3부 식물에 뇌가 있을까?

의식의 노화/ 110
칸트가 교회 신앙에 끼친 부정적 영향/ 113
자연은 의지를 가지고 있을까?/ 118
인간에게 자유가 있는가?/ 122
부동의 원동자(unmoved mover)/ 124
실존은 본질에 선행하는가?/ 127

    니체의 불교관/ 130
    『천주실의』에 나타난 윤회론 비판/ 133
    칸트에 대한 니체의 비판/ 135
    니체의 기독교 비판을 보면/ 138
    식물에 뇌가 있을까?/ 140
    마르크스, 프로이트, 니체/ 143
    니체 초극하기/ 148
    지만원 박사는 운명론자인가?/ 153
    이성적=현실적, 또 현실적=이성적이란 명제/ 156

제4부 의지는 누가 움직이는가?

    신(神)은 곧 자연(自然)일까?/ 162
    악(惡)과 모순(矛盾)을 변증법(辯證法)으로 파악한 사상가/ 166
    세계는 결정되었는가?/ 169
    신(神)은 인간의 행동을 간섭하는가?/ 174
    악과 고통의 문제에 대한 접근 시도/ 178
    낭만주의의 도전 정신/ 180
    신유물론/ 183
    의지는 누가 움직이는가?/ 186
    악(惡)은 어디에서 오는가/ 190
    지성단일성론(monopsychism)/ 194

『물자체』 스쳐가기/ 198
유발 하라리의 생물학적 결정론/ 202
내일 일을 알지 못하는 인간 – 스티브 잡스의 죽음/ 206
기독교와 주체교(主體敎)의 대결/ 209
좌익종교는 공산주의와 한동아리다/ 215

제5부 악의 기원은 어디일까

영혼에 대한 번역문들/ 220
계시록으로 보는 주체수령교/ 223
함석헌, 김동길 님들의 종교관/ 228
디오니소스적 광란(狂亂)/ 231
인간론에서 영혼(靈魂)의 문제/ 234
주이상스(Jouissance)/ 239
악의 기원은 어디일까/ 243
쇼펜하우어의 직관(intution)론/ 247
하나님의 모략과 이성의 간지/ 250
인간의 운명은 결정 당한 존재일까/ 253
자연의 찢김/ 256
이데아(Idea)와 순수 형상(Pure Form)/ 260

제1부
문명은 자연을 파괴하는가

결정론

결정론(determinism)이란 게 철학에선 줄곧 논의되는 담론 중 하나인데 인간의 행동이나 역사적 사건들이 엄격한 인과 법칙에 따르거나 필연적 연관 관계에 있다는 주장이다. 모든 사실 또는 우주만상이 이전의 사실이나 사건들에 의해 결정되거나 원인이 된다는 견해다. 이러한 이론에 따르면 인간은 자유의지를 소유하지 않았으며 독자적인 선택을 할 능력도 갖고 있지 않다는 결론이 된다.

예를 들자면 스피노자(Spinoza)의 경우도 우리가 의지의 자유를 가지고 있다고 생각하는 것은 단지 무지에 불과하다고 본다. 그는 인간을 자연의 내재적인 일부분으로 보고 인간의 정신적, 육체적 모든 행위가 이전의 원인들에 의해 결정된다고 보았다.

자유롭다고 생각하고 뭘 선택할 수 있다고 생각하는 사람은 환상의 피해자들(자유 행위나 선택이 가능하다는 환상)이며 우리가 무엇을 갈망하거나 의욕하는 것 자체가 이미 결정됐다고 본다.

세계는 신의 속성들의 양태로 구성되기 때문에 세계 안에 있는 만물은 필연성에 따라 행동한다. 즉 만물은 이미 결정지어져 있다. 만물은 신(능산적 자연)의 본성적 필연성에서 비롯된 것이기 때문에 신의 속성들 중 하나인 인간은 신의 의지에 따라 존재하고 행동하도록 결정됐다는 게 스피노자의 주장이다. 따라서 우리가 경험하는 만물은 신(능산적 자연)의 속성의 변용이거나 특정한 양태들인 것이며 이미 결정된 방식으로 나타난 현상인 것이다. 따라서 인간은 신의 속성인 사유(정신, 생각)와 연장(물질, 형태를 지닌 것)의 한 형태(정신과 육체)이기 때문에 신의 유한한 분신인 것이다(물론 스피노자의 범신론적 사변을 참고해 보고 있을 뿐이다). 아우구스티누스(Augustinus)는 우리의 자유의지란 것도 심리적인 자유일 뿐 신의 도구에 불과하다고 했다.

과연 인간은 자유로운가. 우리의 선택이 혹시 이미 짜여진 룰을 따르는 건 아닌가. 우리의 욕망, 의지, 감정, 이성…. 이 모든 것은 내가 만들거나 가지고 나온 것이 아니다. 영원한 자연(능산적 자연, 신)에서 온 것이며 결국 영원한 자연이 나를 통해 자신의 일을 하는 것이 우리의 삶이 아닌가.

필자는 청소년기 신앙을 접하면서 성령에 붙들려 많은 기도 시간을 가진 적 있었는데 만유가 신의 메신저요 그분의 미션을 행하는 것이 이 세계임을 직관했었다.

존재세계의 모든 것들은 식물, 동물은 물론 물질로 된 것들도 모두 신의 일꾼들이요. 그분께서 부여한(질서) 일을 하고 있었다. 물론 주관적 경험에 불과한 것이지만!

우리의 자유의지를 행사하거나 어떤 선택을 하는 것도 유심히 관찰하면 자유로운 것이기보다는(자유론 선택 같이 보이나) 이전 원인들과 둘러싸인 환경적 조건들의 복합적 결과물로서 선택이 이뤄졌음을 보게 된다. 과연 인간은 자유하는 존재일까. 이는 만물이 주에게서 나오고 주로 말미암고 주에게로 돌아감이라 영광이 그에게 세세에 있을 지어다. 아멘. [롬 11:36]

자연에 관하여

　근원적 자연(능산적 자연, 자연을 산출한 자연, 즉 신)은 나타나지 않고 인식되지 않기 때문에 사람들은 현상으로 나타난 자연을 숭배하거나 신으로 여기는 경우가 있다. 힌두교, 불교 등이 의존하는 범신론(pantheism)적 세계관이 이를 표상하고 있을 것이다. 근원적 자연이 현상적 자연으로 나타났다는 관점인 것이다. 그런 시각에서는 모든 존재들, 즉 개별자들 하나하나가 신의 표현이요. 신 그 자체인 것이기에 모든 존재들에는 불성이 있다고 하며 인간이 해탈하거나 득도하면 범아일여(梵我一如, 만유가 하나인 인식)에 이른다고 한다.
　기독교적 배경을 가진 칸트(Kant)는 현상계와 본체계를 엄격히 나눈다. 본체계를 우리말로 물자체(Ding an Sich)라고 옮기는데 본체계, 즉 신인 것이다. 칸트는 이 물자체를 인식 불가능한 대상으로 여겨 물자체에 대한 이런저런 형이상학을 거부한다. 대신 그에게서 신의 존재 증명이란 도덕성에 기반한다. 실천 이성에서 도덕 이성이 신의 존재 근거이며 이 도덕적 판단(심판)의 궁극적 주체로서 신은 존재해야 한다는 소위 요청적 유신론을 말한다. 칸트에게서 현상계는 신일 수 없다.
　한편 헤겔(Hegel)은 신플라톤(Neo Platon)적 영향의 사유일까. 세계를 신의 유출물로 이해하는 패턴이다. 현상계는 신의 자기 전개이며 신에게서 발출된 세계는 다시 신에게로 돌아가는 게 세계 역사이며 이 역사의 방향은 자유이고 전개 방식은 변증법적이다. 헤겔에게서 인간의 정신은 신의 대행자로서의 자기 전개인 것이다. 그래서 그는 나폴레옹을 보고 "절대정신(신)이 온다"고 했었다.

스피노자(Spinoza)는 범신론자로 유명하다. 그는 인간 정신에 담지된 욕망을 세계사 전개의 동력으로 보고 모든 존재는 신의 표현이고 개별 실체들은 모두 신의 화육(가시적 물질, 육체가 됨)이란 사유에 철저하다.

쇼펜하우어(Schopenhauer)의 경우 칸트(Kant)의 물자체를 인간의 의지와 동일시하는 모험을 서슴지 않는다. 칸트에게서 물자체는 본체계요. 마치 플라톤(Platon)의 이데아처럼 초월적 영역인데 쇼펜하우어는 그 물자체가 인간의 의지로 왔다는 것이다. 그에 의하면 인간의 의지들은 모두 신적 활동이 되는 것이다. 개별자들이 각자 욕망을 따라 행위를 하지만 전체성 안에서 신적 활동, 즉 신의 의지를 구현한다는 논리인 것이다.

자연
인간
역사… 존재계 신비의 클라이맥스는 무엇일까.

열린사회는 비판 가능 사회다

비판(批判, criticism, Kritic, 비평(批評))은 일반적으로 인간의 지식이나 행동에 관해 그것의 진리성, 유효성 등을 식별하는 것을 말한다. 하지만 필자는 한 걸음 더 나아가 '정신이 사물이나 사태 혹은 존재 그 자체들에 대한 본질을 파악하기 위한 이성 활동' 정도로 규정해 본다.

이는 대상이나 주어진 현상을 인식할 때 피상적인 외형이나 비본질적인 것을 본질로 여겨 오판케 되는 것들을 제거해 나가는 사고 과정인 것이다. 어떤 경우 "그 사람은 매우 비판적이야" 할 때 외골수거나 편협한 인간이란 의미로 규정하는 경우도 있다. 하지만 이것은 인간 정신의 이성 작용 중 비판적 기능이 수행하는(그 몫의) 가치를 간과한 소박 반응이다.

비판적 사고는 감정적 사고가 아닌 이성적 사고이다. 성숙한 이성은 어떤 대상이나 현상에 대하여는 물론, 자신의 사고조차도 타당한가를 성찰한다. 그 반성적 사고도 비판적 사고의 일종인 것이다.

신앙하는 행위는 비판적(이성적) 사고와 대립하는 것으로 여겨진다. 이는 서양사에서 '이성과 신앙'이란 주제로 논란했던 주제인데, 물론 신앙은 이성을 넘어선 차원의 계시에 대한 응답이다. 문제는 이성 너머의 계시를 신앙하는 그 행위 주체가 이성적 존재자로서의 인간이란 점이다. 즉 이성적 존재자이기 때문에 그 계시를 이성이 수용하는 과정이 따르게 마련이며 이때 그 계시에 대한 수용, 즉 '믿음' 과정에서 이성이 자기 법칙대로 작동하는 질서랄까 정리된 인식 구조를 통과하기 마련인데 이 과정에서 이것(비평)이 결핍되면 샤만이나 이단 또는 심각한 주관주의의 오류를 범하게 되는 것이다. 그래서 마땅히 신앙에도 비평적 사고가 필요한 것이고 이 비평이란 이성적 작업을 하는 일이 '신학함'인 것이다.

이 신학 작업에서도 비평적 자기 훈련이 결핍됐을 때 오류를 범하게 된다. 우리 주변의 신앙 스타일이 전통적 무속의 영향과 긍정적 사고란 실용주의, 광신적 열광기질 등으로 인해 비평적 사고가 설 공간이 마련돼 있지 않은 경우가 많다. 교회에서도 신앙의 본질에 대한 의문을 말하면 믿음 없는 사람으로 규정 당할 수 있다.

어떤 사회 현상에 대한 성찰을 하려면 비판적 사고가 반드시 요구되게 마련이다. 사회의 건강한 개혁이나 올바른 진보, 오류나 허위를 막는 일 등은 모두 비판적 사고에서 시작된다. 루터, 칼빈 쥬빙글리 같은 개혁자들도 당시 소박하고 은혜스런 인사들이 보면 은혜가 없고 비판적이며 부정적인 인사들이고 편집적이며 강박적으로 산 사람들이었을 것이다(대 사도 바울도). 바울(유대교에 대해), 루터, 칼빈 모두가 주어진 현실에 대한 비판적 사고에서 개혁의지가 발아된 것이다.

비판적 작업의 결과 본질에 다가선 인식 주체는 그 대상에 대한 전문성을 획득하게 된다. 피상적이고 표피적인 것들이 지닌

비 본질성을 제거(극복)한 결과인 것이다. 하지만 그 전문성도 소박 인사들이 보면 고집, 편향, 한편으로 치우침 정도로 보이게 된다.

예로 어떤 개인이 사회 현상을 인식하거나 이를 평가한 주장이나 글을 대할 경우 자기 내면의 콘텐츠들을 매개로 하여 평가하게 되는데 그 콘텐츠가 빈약하고 정보, 사색의 경험이 일천할수록 감정적 냉소를 하거나 심리적 거부, 파당적 이해 범주를 넘지 못하게 된다.

이는 그 개인의 지적 자산이 빈곤하고 사색의 내공이 부족하기 때문인 것이다. 반성적 비판이 결여된 집단은 파시즘화하거나 권위주의, 섹타리안(분리종파주의)으로 추락할 수 있다. 비판적 반성이 불가능한 집단은 곧 폐쇄성으로 가게 마련이다. 자신의 내적 모순이나 결핍이 클수록 방어적이며 비판에 히스테리컬한 반응이나 투쟁적 전의를 보인다.

반면 자체 모순의 폭이 크지 않은 만큼 유연하고 여유롭고 반성적 비판에 개방된다. 우리가 자유 민주주의 체제를 수호하려는 건 비판이 가능한 사회를 지켜 내자는 거다.

좌파독재, 파시즘, 내셔널리즘, 주체교, 컴뮤니즘… 할 것 없이 전체주의적 성격의 운동들은 비판적 사고나 운동들을 적대시하고 말살시키려 한다.

조지 오웰의 『1984』에는 사상경찰이 주민의 사고나 이념, 체제에 대한 충성도를 체크한다. 우린 지금 조지 오웰이 예견한 사회를 향하고 있는지 모른다. 빅 브러더(big brother)야말로 북괴의 수령 체제 아닌가. 주사파 광신도들이 자유코리아를 완전 달

힌사회, 빅 브라더가 지배하는 동물농장으로 만들려 안달하고 있지 않은가.

칼포퍼는 비판적 논의가 가능한 사회를 열린사회라고 했다. 비판 가능한 사회를 지켜내는 건 우리 모두의 생존과 직결된 과제다. 비판적 사고는 열린 사고다. 비판 가능한 열린사회를 지켜내지 못하면 삶은 곧 비극 그 자체일 것이다. 지금 북한을 보고 있지 않은가.

칸트와 프로이트

임마누엘 칸트(Kant)는 인간의 본성 안에 있는 소질을 생물로서의 동물성(Tierheit), 생물이면서 동시에 이성적 존재자로서의 인간성(Menschheit), 이성적이면서 동시에 책임적 존재자로서의 인격성(Personlichkeit) 이 셋으로 설명했다.

이것을 쉽게 말하자면 인간의 본성적 소질에 동물성, 사회성(인간성), 도덕성(인격성)이 있다는 얘기다. 동물성은 글자 그대로 인간은 동물이란 말이다. 먹어야 하고 자야 하고 욕구를 해결해야 하는 존재이다. 사회성은 사회 안에서 함께 살며 타자와의 관계에서 살아야 하는 존재란 것이고 도덕성은 신과 인간 앞에 자신의 삶에 책임져야 하는 도덕 이성을 지녔다는 의미다.

한편 프로이트(Freud)는 인간의 무의식을 대단히 중요시하면서 이드(id), 에고(ego), 슈퍼에고(superego)로 인간정신을 설명한다. 이드는 칸트에게서 동물성과 유사한 의미다. 이것은 무의식 안에 있는 건데 충동과 감정에 따라 제멋대로 움직이려 한다.

여기에 다른 하나는 '초자아'라고 번역되는 슈퍼에고인데 이것은 칸트로 말하면 인격성, 즉 도덕성이다. 이드가 충동하려 할 때 감시자가 돼서 그 충동을 잠재운다. 동물적 욕구를 함부로 충족시키려 들면 "그건 안 돼!"라고 절제시킨다.

한편 이드와 슈퍼에고가 서로 다투고 대립하는 긴장을 유발할 때 이를 조절하는 요소가 자아(ego)다. 이 자아는 무의식이 아닌 의식에 속한다. 이 자아가 칸트에게선 인간성, 즉 사회성과 같은 소질일 수 있다. 인간의 삶은 누구도 순수 독립적일 수는 없다. 사회적 존재, 즉 타자들과 지지고 볶으면서 한 세상 살고 가는 개체들이다.

잘 알려진 대로 프로이트는 이드의 에너지가 성욕(Libido)으로 집중되었다고 본다. 프로이트의 입장서 보자면 정신질환이란 이 리비도(Libido)를 두고 에고와 슈퍼에고의 긴장 관계에서 에고가 이를 조절하거나 건강하게 처리할 수 없을 때 발생하는 이상 상태인 것이다.

어떤 사람이 동일한 범죄를 반복하거나 어떤 습관에 젖어 있다면 이는 무의식에 박힌 정보 때문이며 이 무의식을 구성하는 이드란 에너지가 그런 쪽으로 발산되는 것이란 게 프로이트의 생각이다. 물론 이런 프로이트의 과도한 성욕주의(Libidoism)는 비판을 받기도 하지만 일단 참고해 보는 것이다.

의식에서의 초자아가 무의식의 범죄적(동물적) 욕구를 억압해온 탓으로 무의식(리비도)의 불만이 잔뜩 쌓였다가 그 해소되지 않은 리비도가 밖으로 튀어나와 각종 성범죄 같은 걸 저지르게 된다. 이때 그 주체는 "나도 모르게 순간적으로 그랬다"고 하는데 "나도 모르게"가 바로 무의식이 튀어나온 에너지인 것이다. 이 리비도는 무제약적 충동이어서 이것을 억압만으론 다 해결할 수 없기 때문에 나라마다 집창촌이 없는 데가 없고 해결을 위한 이런저런 장치들이 곳곳에 있는 것이다. 리비도를 억압만 했을 때 폭력, 또는 다른 범죄나 파괴적 양상으로 번지게 된다.

프로이트가 무의식과 무의식의 메인 소스를 성욕으로 본 데 비해 칸트는 도덕성을 이성적 존재자인 인간이 추구해야할 지고한 이상과 가치로 삼는다. 그는 인간 속 본성에 악이 자리 잡고 있으며 이 악을 극복하는 게 대단히 힘들다고 보면서도 인간 이성의 힘을 믿고 신뢰한다.

그에 의하면 이성적 존재자로서 인간이 지향해야할 가치는 도덕적 완성인 셈인데 이는 매우 고고한 이상주의로 현실성이 희박하다는 점에서 그의 윤리를 '형식주의'라고 한다. 형식적으로는 훌륭한데 실현 가능성이나 구체성이 떨어진다는 냉소적 비판인 것이다.

인간 삶의 목적이 도덕적 완성에 있느냐 하는 건 의문이 아닐 수 없다. 인간은 생존을 위해 도덕도 폐기하는 존재고 또 사회가 설정한 도덕적 기준들도 이데올로기와 시간성의 지배 속에 있다는 점에서 더욱 그렇다.

현상 그대로만 보자면 인간 삶은 욕망과 그 욕망의 충족을 위한 변증법적 활동인 것이며 욕망은 결핍이 그 내포이고 이 결핍이 욕구를 낳고 욕구가 욕망을 일으켜 이의 충족을 위해 몸을 움직이게 한다. 물론 욕구나 욕망 안에는 지식, 정신적 가치, 신과 영생을 추구하는 종교적 욕구, 동물성에 기인한 것, 문화, 자아실현의 권력 추구적 욕구 등 다양하다. 여하간 현상적으로만 볼 때 인간 정신은 자신 안에 발생한 욕망의 충족을 위해 몸을 움직이는 존재고 이것이 삶인 것임은 부인할 수 없는 사실성이다.

칸트나 프로이트 모두 인간성에 내포된 소질을 보는 데서 비슷한 견해를 보인다. 강조점은 칸트가 도덕성에, 프로이트가 동물성, 즉 무의식을 지배하는 리비도에 있을 뿐이다.

　인간과 그들의 삶, 그리고
　그 인간을 둘러싸고 있는 세계,
　그 신비의 끝은 무엇일까?

문명은 자연을 파괴하는가

나는 이 글에서 문명(文明)은 자연(自然)이며 자연은 문명을 통해 자기 의지를 성취해 나간다는 자연즉문명(自然即文明)이란 말을 하려고 한다.

문명은 인간이 자기 보존에 필요한 제도요 장치이며 시설이다. 생명을 유지, 보존하고 욕망을 충족시키기 위한 시스템 전반이 문명이요 문화인 것이다. 모든 생물의 목적은 생존 그리고 잘 살아남는 것이다. 인간이야말로 자기 생존과 욕망의 구현을 위해 불철주야 뛰는 존재다. 그 결과물이 문명이요 문화이다.

스피노자(Spinoza)는 모든 존재는 자기 보존 욕망을 지닌다면서 이 현상을 코나투스(konatus)라고 하였다. 인간에게서 이 코나투스가 의욕, 즉 목적지향 운동을 한 결과물이 문명이요 문화인 셈이다.

인간은 생물학적으로만 본다면 결핍된 존재고 동식물만도 못한 측면들이 있다. 우주의 크기에 비해 왜소하고 결핍된 존재다. 자연과 문화를 함께 내포한 존재이며 자연을 낳은 자연인 능산적 자연(能産的 自然, 곧 신)을 찾아 가야하는 숙명을 지닌 자이다.

사실 우리가 숨 쉬며 살고 있는 이 지구만 해도 우주의 광대함 앞에 한 변방에 불과할 수 있다. 이 불완전하면서도 지적행동(知的行動)을 하는 인간이 자기 소외나 결핍, 욕구를 해결하기 위한 장치가 문명이요 문화다. 흔히 문화란 욕망을 해결하기 위한 중개(中介) 방식들이라고 말한다. 이 자연계를 대표한다고 볼 수 있는 인간은 그 출처가 어디인가. 물론 자연에서 나온 존재다. 지적 행동하는 특수성이 있으나 어디까지나 자연의 일부요 연장이며 자연의 소산인 것이다. 인간이야말로 제2의 자연이다(Human is second nature). 물론 종교적 관점에서는 신의 직접적 창조물이란 고백이 당연시된다. 하지만 신(神)의 창조물인 인간도 자연의 메커니즘과 그 과정 내에서 발생되는 존재다. 자연은 문명을 낳고 문명은 자연의 의지를 실현한다. 악과 무질서가 파괴적이지만 이 또한 능산적 자연 즉, 신의 자기 의지 전개의 또 다른 얼굴이다.

헤겔은 악이란 게 우리 인식 안에서만 존재하는 것이라고 해서 악의 실재성을 거부했다. 아우구스티누스(Augustinus) 또한 악을 선의 결핍일 뿐이라고 했다. 악은 본질적인 게 아니고 단지 완전성의 결여, 즉 결핍인 것이다. 악인 것처럼 보이지만 선을 위한 필요 요건이다. 물론 악의 원천은 신일 수 없다. 하지만 악도 신의 섭리 하에 있으며 신이 자기 의지를 전개시켜 나가는 또 다른 방편인 것일 수밖에 없다.

우리가 가지고 있는 욕망, 불안, 결핍, 악, 부정성 모든 것들이 문명을 만들고 역사를 전개시키는 추동력이다. 사실 악이란 것도 욕망이 파괴적으로 나타난 것에 불과한 것일 수 있다. 인간은 소산적 자연(능산적 자연이 낳은 가시적 현상으로서의 자연)의 산물이다(물론 궁극적으로는 신의 창조물이다). 하지만 인간이야말로 현존하는 소산적 자연의 정점이며 이 자연을 대표하고 의미 부여와 그 자연을 자원으로 한 문명을 건설하는 존재다. 여기엔 인간의 생존욕을 기본으로 한 갖가지 욕망이 문명의 동력으로 작용한다.

그런데 그 욕망이란 게 어디서 왔나. 자연에서 온 것이고 이 소산적 자연은 능산적 자연에서 왔다. 결국 문명 건설의 모티브인 인간 욕망의 출처가 소산적 자연, 더는 능산적 자연이라는 말이다.

우리가 욕망을 가지겠다고 셀프 설계하고 나왔나, 아니다. 능산적 자연서부터 〈생육하고 번성하여 땅에 충만하라〉고 주어진 것이다. 그러므로 문명 건설의 모티브가 욕망이고 그 욕망의 메트릭스(본원지)가 자연이기에 자연과 문명은 대립적일 수 없다는 결론에 이른다.

문명이 자연을 파괴하는가? 아니다. 파괴로 보이지만 자연이 하는 일이다. 인간 자체가 제 2의 자연(Second Nature)이기 때문이다. 자연, 즉 문명 아닌가.

이는 만물이 주에게서 나오고
주로 말미암고 주에게로 돌아감이라 [롬 11:36]

악은 숙명일까

 칸트는 그가 쓴 『실천이성비판』에서 다소 낙관적인 인간 이해를 보이는 데 반해 그의 〈종교론 : 이성의 한계 안에서의 종교〉에서는 인간 속에 본성을 이루고 있는 악(惡)이란 어두운 그늘을 고뇌한다.
 선한 신(神)이 창조한 세계라면 악(惡)과 고통은 왜 있는 것이며 인간은 왜 이렇게 악한 행위를 하는가. 이런 질문은 우리 이성의 한계 내에서 답하기 어려운 난제에 속한다. 칸트는 인간의 본성을 이루는 악을 근본악(根本惡, radikale böse)이라고 한다.
 이는 그만큼 악의 뿌리가 깊다는 것인데 인간은 자기가 마음에 세워 놓은 준칙(準則, 어떤 일을 대할 때 마음에 세운 도덕적 원칙)을 허물어 버리는 존재란 점이다. 칸트는 인간의 본성을 설명할 때 생물로서의 동물성 소질, 생물이면서 동시에 이성적 존재자로서의 인간성 소질(주로 사회적 관계 속에 사는 인간이란 점), 이성적이면서 동시에 책임적 존재라는 점에서 인격성으로 설명한다(동물성, 사회성, 도덕성).
 그는 또한 인간의 의지를 선택의지(wilk)와 순수의지(wille)로 구분한다. 선택의지는 자신에게 일어나는 욕구(욕망)의 충족이나 해결을 위해 자의로 선택하는 의지이고 반면에 순수의지는 도덕성을 포함한 옳게 해야 한다는(양심 기능), 즉 욕망의 충족이나 이

익관계를 떠난 도덕적 의지인 것이다.

칸트가 고뇌한 것은 인간이 도덕성의 준칙을 의식하면서도 그 준칙을 위반하려는 성향이 공존하는 존재란 점이다. 이것을 칸트는 〈근본악〉이라 하고 있으며 이 성향을 모든 인간이 가지고 있다는 점에서 〈인간은 본성에서 악한 존재다〉라고 규정된다는 것이다.

칸트는 근본악의 뿌리가 이렇게 깊은 것이어서 이를 극복하는 것이 지난한 과제임을 말하면서도 한편 인간의 영혼 안에는 〈좀 더 선한 인간이 되어야 한다〉는 명령이 울려 퍼지고 있으며, 근본악이 있는 만큼 근본선(根本善)도 있기 때문에 도덕 법칙의 이성적 명령에 대한 확신을 가지고 근본악의 성향에 대립해 도덕적 붕괴를 막아내야 한다고 요청한다.

칸트는 창세기의 아담 설화를 근거로 인간은 본래 선했으나 나중 악이 들어왔다는(뱀의 유혹을 받아) 점에서 악의 극복 가능성을 열어 놓고 있다. 본래 인간은 선하다는 것이다(타락 이전 상태).

이렇게 칸트는 당시의 계몽주의자들과는 달리 인간의 어두운 내면을 철저히 고뇌하고 있으면서도 어디까지나 분명하게 이성의 입장에 서고 있다. 즉 인간은 본래 선했고 더 선하게 살아야 한다는 명령이 영혼 안에서 울려 퍼지고 있기에 악을 극복할 가능성에 개방된다는 얘기다.

이러한 칸트의 철학에 근거해 근본악 극복 가능성을 기대할 수 있을까 하는 점은 의문으로 남는다. 어쩌면 칸트는 근본악 극복 가능성을 확신하기보다 〈요청〉하고 있을지 모른다. 자기가 세운 준칙을 무너뜨리는 것은 욕망이다. 칸트가 말한 인간의

3본성 중 동물성에서 발생하는 욕망의 폭력 앞에 도덕 이성이란 순식간에 무너지는 게 우리의 보편적 경험이다.

인류 역사를 헤겔은 〈자유의 실현〉이라고 있는데 그 자유의 개념 안에는 동물성의 무제약적 전개가 있는 것 아닌가. 이성의 힘으로 근본악 극복 가능성을 말하는 칸트의 이론은 역시 계몽주의의 〈이성에 대한 낙관〉이란 프레임에 감금돼 있다.

이성의 무력함을 말하면서 동시에 이성의 힘으로 악을 이겨나가야 한다는 그 이론 또한 칸트의 윤리를 〈형식 윤리〉라고 명명하는 데 힘을 보탤 것이다.

기독교 신앙 경험에서 보자면 구주 예수를 믿고 성령의 감동과 내적 증거하시는 역사에 순응하는 자아란 범위 안에서 악의 극복을 부분적으로나마 경험하지만 이 또한 삶의 실존적 현장에서 수시로 무너지곤 하기 때문에 악이란 인간과 세계, 역사 전개 과정의 필수불가결일 것이다. 그래서 헤겔이 악의 실재성을 거부했는지 모른다. 그는 악이란 우리 인식 안에만 있는 것이라고 했다. 그렇게 보면 악이란 우리의 숙명 아닌가.

역사상 악을 완전히 극복해 낸 사람이 있을 수 없다는 점에서 의인은 없나니 하나도 없다(바울)고 성경은 말씀한다.

선을 그리워하면서도 악할 수밖에(상황에 따라) 없는 인간 실존의 패러독스여!

에로스[libido]란 야누스

I made a covenant with my eyes
not to look lustfully at a young woman.
나는 젊은 여자를 욕망의 눈으로 바라보지 않겠다고
나의 눈과 약속하였습니다. [욥 31:1]

욥은 동방의 의인이었다고 할 만큼 경건한 사람이었고 어느 모로 보나 모범적 삶을 살았다. 하지만 그에게 갑자기 들이닥친 고난은 상상불허였다.

10명의 자녀가 모두 죽고 재산은 모두 강탈당했으며 자신은 극한 병에 걸려 인생 폭망됐다. 고락을 같이하던 부인이, "당신이 믿던 하나님을 저주하고 자살해버리라"고 했다(이 욥이 아내는 세계 3대 또는 5대 악처에 든다고들 말한다). 이 성경 본문은 병문안 온 친구들이 욥에게 한결같이 숨겨놓은 죄를 내놓으라며 죄 때문에 이런 고난이 왔다고(이들은 고난의 문제를 철저히 인과응보의 논리로 본다) 다그치는 와중에 자신의 결백을 고백한 말인데,

"나는 그동안 마음에라도 탐심을 품고 젊은 여성을 쳐다보지 않겠다고 나의 눈과 약속한 채 살아왔다"고 선언한 것이다. 미와 성의 담지자인 젊은 여자를 보고 시선이 끌리지 않은 남자가 없겠으며 욥도 남자이기에 당연, 심적 갈등이 있었을 것이고 이를

극복키 위해 눈과 약속을 했던 결심을 토로한 것이다. 이 구절은 리비도(libido) 욕망을 통제하기 위해 욥이 얼마나 고생했는지를 알려 주는 백미다. 남자(male)들의 고통을 대변하고 있을까.

　인간으로 존재하는 한 남과 녀, 성적 욕망, 미의 야누스적 속성 등은 평생 짊어지고 다닐 십자가일지도 모른다. 이 미(Beauty)나 에로스(Eros, 성욕)는 삶을 추동시키는 동력이고 문명을 지속시키는 원천이면서 또한 위험한 힘(energy)이란 이중율(double rate) 속에 엮인 질서(power)이기도 하다.

　아르투어 쇼펜하우어(Schopenhaur)가,

　"은폐된 세계의 핵심은 본능과 욕망이다"라고 했듯이 존재계의 뿌리가 이성이 아닌 비이성적인 것, 즉 본능으로 나타나는 욕망일지도 모른다. 이에 더하여 프로이트(Freud)는 그 욕망의 중심부가 에로스(Eros)라고 보았을 것이다.

　이런 '욕망'을 존재계의 생성 원리로 여기는 측에서 보자면 인간의 삶을 구성하는 행동(운동)들이야말로 '욕망과 그 실현을 위한 변증법적 운동'인 것이다. 즉 인간정신의 활동이란 것을 '욕망과 그 욕망의 구현을 위한 정반합 작용'에 다름없다고 보는 것이다. 그런 의미에서 쇼펜하우어는 생명의 다양성 뒤에 숨어 있는 통일적 힘에 주목했고, 그 힘이 '본능과 욕망'인 것이며, 이에 프로이트는 에로스를 생명의 원초적 동인으로 본 것이다.

　연세대 교수 마광수도 에로스(Eros) 탐구가로 유명하다. 그는 그런 일로 옥고를 치르기도 했는데,

　"죽기 전에 대한민국이 성에 대해 솔직해 지는 걸 보고 싶다"라면서,

"사랑의 밑바닥을 파헤치면 결국 성욕이다… 성욕 없이 사랑한다는 건 새빨간 거짓말이다."

"…행복과 가까이 가보려면 성에 대한 이중성을 버려야 한다"라고 했다.

인도의 영웅인 마하트마 간디도 리비도를 억제하려고 부인과 해혼(解婚)한다는 등 말도 있었지만 1990년대 이후 그 스스로,

"성욕을 제어하는 일이 칼날 위를 걷는 것과 같다"라고 고백한 것은 유명하다. 결국 나중엔 여러 젊은 여성들과 함께 자는 의식을 행한 것으로 비난받기도 했다. (위키피디아, 관련 항목)

간디, 마광수… 누구나 인간은 피조물이며 유한자이다. 에로스에 내포된 부정성(죄)의 영향력을 간과할 수 없는 한계 상황에 놓인 자들이 인간인 것이다. 극단은 항상 유한성에 도전하려는 교만과 내통한다.

간디, 마광수, 프로이트… 모두 대 에로스 극한 도전 스타들이었을까. 이러저러한 조건에 내던져졌음에도 인간의 삶은 자신이 뿌리요 본향인 절대자, 존재와 생성의 제일 원인, 영혼의 근본인 하나님을 향한 도상의 존재일 수밖에 없다.

에로스도 절대자 존자의 세계 경영원리 중 하나인데(생육하고 번성케 하는) 원죄의 카오스적 혼란 속에 놓여있기 때문에 때로는 행복(쾌락)의 도구로 한편에선 비극의 수단이라는 야누스적 얼굴로 나타나는 것이다.

에로스에 대한 무조건적 찬양이나 탐닉
일방적 거부와 금욕, 정죄

인간은 이들 중 어느 것도 허락 받지 못한 채 방황하다가 어느 날 생을 마감하는 비극적, 한계 내 존재가 아니겠는가.

청년이여
네 어린 때를 즐거워하며
네 청년의 날들을 마음에 기뻐하며
마음에 원하는 길들과 네 눈이 보는 대로 행하라
그러나 하나님이 이 모든 일로 말미암아
너를 심판하실 줄 알라 [전도서 11:9]

나는 기계적 유물론자가 아니다 (조국)

조국이 지난 번 기자들 앞에서 발설한 멘트들 중 자신이 강남 좌파고 금수저가 맞다고 하면서,

"나는 기계적 유물론자가 아니다"란 말을 했었다.

유물론은 만물의 근원은 물질이며 정신 현상도 물질의 작용이거나 그 산물로 본다. 즉 세계의 근본이 되는 실재는 정신이나 관념이 아닌 의식과는 독립하여 존재하는 물질이나 자연이라는 주장이다. 고대 그리스의 원자론서 비롯됐다고 보는데 여기엔 보통 기계론적 유물론과 역사적 유물론으로 나뉜다.

역사적 유물론은 변증법적 유물론이라고 하는데 마르크스(Marx)와 엥겔스(Engels)가 주장한 유물론에 기초하고 있다. 사적 유물론 또는 유물사관으로 불린다. 역사 해석에서 물질에 기초한 생산력을 중요시하는 역사관이다. 헤겔(Hegel)이 역사를 세계 정신(신)의 자기 전개로 보는, 소위 관념사관과 반대된다.

이들은 역사 발전의 원동력이 인간 의식이나 관념이 아닌 물질에 토대한 생산 양식이라는 관점이다. 그래서 원시 공동체 -- 노예제 -- 봉건제 -- 자본주의제 -- 사회주의제 -- 공산주의제 순으로 역사가 발전하며 자본주의까지 생산 수단의 사유화가 인정되기 때문에 계급 대립이 존재한다고 보며 인류 역사를 계급 투쟁의 역사로 규정한다.

〈기계론적 유물론(機械論的 唯物論)〉은 모든 현상을 자연 인과 관계로 역학에 토대한 법칙으로 해석하는 방식인데 일명 관념론적 유물론이라고도 한다. 자연이나 사회 현상을 단순한 기계적 운동에 의한 양적 변화로 보고 발전을 인정하지 않는 사관인 셈이다. 이 〈기계적 유물론〉에 의하면 이런 자연법칙 때문에 어떤 의식적 행동이나 의지를 실천하는 것도 모두 무위로 돌아가거나 의미 없는 것이 된다. 마치 결정론이나 운명론처럼 되기 쉽게 된다. 마르크스 비판가들이 마르크스를 비판할 때 사용하지만 마르크스주의에선 이 '기계적'이란 게 마르크스에게 없다고 항변한다.

조국이 자신을 〈기계적 유물론자〉가 아니라고 한 건 아마도 사노맹 운동 당시 유물론 논쟁 기억들이 튀어나와서일 것이다. 조국의 이 말은 자신은 기계적 유물론이 아닌 〈마르크스주의, 즉 변증법적 유물론에 기초한 혁명 실천가〉라는 속 정신을 드러낸 셈 아닐까.

기계적 유물론자처럼 역사와 자연을 기계적 전개로 여겨 상대주의나 허무주의에 빠진 게 아니고 마르크스주의 역사관으로 무장된 현재형 투쟁가란 말로 들리기 쉽다.

좌파들의 유물론 논쟁서 자신이 〈기계적 유물론자 〉가 아니란 말은 곧 〈역사적 유물론(변증법적 유물론, 즉 마르크스 혁명론)자〉임을 실토(confession)하는 정서가 있다. 조국의 영혼에 인이 박힌 사회주의 혁명 욕망이 언어로 외출한 것 아닐까?

장 폴 사르트르냐 레이몽 아롱이냐

프랑스의 장 폴 사르트르(Jean Paul Sartre)와 레이몽 아롱(Raymond Aron)은 동갑인데 1905년에 태어났다. 사르트르는 1980년에 사망했고(74세) 아롱은 1983년에 사망, 아롱이 3년 더 장수한 77세를 살았다. 이 두 사람은 같은 고등학교인 파리고등사범학교를 다녔고 모두 철학을 공부했으며 1930년대에는 둘 다 독일에서 공부하기도 했다.

하지만 이념이나 지적 면에서 두 사람은 서로가 적수였다. 사르트르는 좌파였고 아롱은 우파였다. 샤르트르는 전후 30여 년간 지식 세계의 왕이라고 할 만큼 막강했는데 『존재와 무』, 『구토』 등을 써 프랑스에 실존주의를 유행시켰고 사람들은 샤르트르의 평론에 자신의 판단을 맡긴다고 할 정도로 지식 권력자였다.

그에 비하면 아롱의 명성은 보잘 것 없었다. 온건하고 보수적이며 상대주의적 논조를 유지함으로 샤르트르에 비할 존재감이 없었다. 아롱은 마르크스주의가 세계를 해석하는 절대적 인식도구가 될 수 없다는 기본 전제를 깔고 소련의 강제수용소, 전체주의, 팽창주의를 비판, 공산주의 이념에 대한 공격을 멈추지 않았다. 하지만 사르트르는 '반공주의는 개다'라며 과격 성향을 보였고 노동자들을 선동하는 연설을 하는가 하면 소련의 수용소 현실에 대해서도 입을 다물었다.

당시 드골의 강력한 리더십으로 정권은 우파가 장악했지만 지식층의 헤게모니는 좌파, 즉 마르크스 진영이 장악했었다. 레이몽 아롱이 솔본느 대학의 교수로 가려할 때 우파라는 이유로 대대적인 반대운동에 시달릴 정도로 우파는 보수 꼴통으로 찍혀 행세하기 힘든 상황이었다. 그런데 1975년 들어서 68혁명(5월 혁명) 때 고등학생이던 세대들이 자라나 마르크스주의의 한계와 소련의 죄악을 깨닫고 인권 문제로 소련 체제에 항의를 시작하면서 레이몽 아롱이 각광받기 시작했다.

그들은 마르크스주의가 진보 사상을 독점한 것에 반기를 들었으며 결국, "레이몽 아롱이 옳았다! 사르트르는 틀렸다!"를 선언하기에 이르렀다.

아롱은 마르크스가 '종교는 아편이다'라고 한 것을 비꼬며 『지식인의 아편(The Opium of Intellectuals, 1955)』을 썼다. 이 책의 제목은 '마르크스주의는 지식인의 아편'이라는 뜻인데 우리말로 번역도 됐다(『지식인의 아편(안병국 역, 삼육출판사)』).

아롱은 당시 마르크스주의가 압도하는 지식인 사회에서 고고하게 반공 이념을 확산시켰다. 정통한 논객으로 소련을 철저히 비판하고 이 『지식인의 아편』을 통해 공산주의를 '세속화된 종교'로 정의했다.

1970년 프랑스 최고 권위의 연구기관인 콜레쥬 드 프랑스(College de France)의 교수로 임명되면서 그의 영향력은 더해 갔고 지식인들 사이에 높게 평가됐다. 그는 68혁명이라고 불려지는 5월 학생운동을 비난했다. 수구반동이란 비난을 감수하면서!

아롱은 1977년에 방한했었는데 『피가로』지에 한국 방문기를 3차에 걸쳐 한국의 경제 발전을 높게 평가하는 반면 정치, 자유, 인권 문제 등은 언급하지 않았다. 역시 보수였다. 보통 지식인 입네 하면 으레 박정희 독재라며 민주화니 인권이니 한마디 하는 풍토였는데도!

사르트르는 인기가 대단했으나 마르크스주의에 경도된 인물이었다. 레이몽 아롱은 보수 우파의 리더요 이론가면서 공산주의 실체와 죄악상을 잘 파악한 자유의 수호자였으며 프랑스가 낳은 세계적 우파 지성이었다.

그는 사르트르와 메를로 퐁티(사르트르와 함께 프랑스 현대철학의 리더 현상학과 실존주의 학자)를 향해,

"이 사람들은 부수는 것만 생각하지 실제 인간이 어떻게 살아가며 평화를 유지하는 지에는 관심이 없던 자들이다"라고 갈파하였다(관련 문헌들 참조함). 그렇다! 좌파 공산마르크스주의는 파괴, 증오, 원한, 복수심으로 뭉쳐진 암적 멘탈이다.

정권을 붉은 자들이 찬탈하더니 국민 의식마저 붉게 물들어 간다. 우리 현실이야말로 사르트르냐 아롱이냐 선택기로다. 사르트르면 필망, 아롱이면 필승 아닐까!

자연(自然)에 의지(意志)가 있는가

프랑스 철학자 질 들뢰즈가 스피노자(Spinoza)를 극찬한 바 있는데, 그 이유는 서양철학사에서 이성이 왕자와 같은 대우를 받고 있는 것을 스피노자가 욕망을 인간의 본질(본성)로 대우하고 이성은 오히려 욕망의 도구인 것으로 본 때문이었다.

스피노자는 코나투스(Konatus)라는 게 모든 존재의 근저에 있다는 주장을 했다. 이 코나투스는 '자기 보존 욕망'을 말한다. 그는 영혼의 중심에 욕망이 있고 이성은 욕망을 실현하기 위한 영혼의 두뇌(Brain)이며 감정은 욕망 성취 정도를 말해 주는 기호적인 것이라 했다. 결국 욕망이 영혼의 본질이란 얘기다.

이 욕망이란 것은 부족을 느껴 무엇을 가지거나 누리려고 탐하는 상태를 말한다. 그러니까 욕망의 본질은 결핍을 채우거나 누리려고 하는 의지와 감정이다. 스피노자는 이 욕망을 영혼(정신)의 본질로 본 것이다.

이런 사고는 플라톤(Platon) 이후 서양철학의 주류였던 이성 중심의 체계에 반기를 든 셈이 됐다. 스피노자에게는 악(惡)조차 욕망이 파괴적으로 작용하는 현상으로서 욕망의 다른 표현이 된다.

세계에 존재하는 것을 분류해 보면
순수 이성만 가진 존재인 신(神)

이성과 동물성이 섞인 존재인 인간
순수 동물성만 있는 동물로 구분된다.

　플라톤 이후로 인간은 이성으로 동물성을 통제해야 된다는 당위가 대세이고 순수한 이성과 정신을 최고의 가치로 전개돼 왔다. 이런 흐름은 근대철학의 정점인 피히테(Fichte)와 헤겔(Hegel)에게까지 이어졌는데 스피노자의 이러한 욕망 중심 주장은 근대철학의 해체에 단초를 제공하는 모체가 되었다.
　이런 배경에서 쇼펜하우어(Schopenhauer, 1778~1860)가 '자연의 의지'에 관해 논한다. 그는 물질적 세계의 법칙만을 중시하는 경험주의(Impiricism)를 받아들이지 않고 세계의 본질에 접근하려 한다. 그는 〈자연에서의 의지에 관하여〉에서 동식물뿐만 아니라 생명 없는 무기물에 이르기까지 모든 존재에게서 의지(意志) 현상이 표명된다는 것을 제시한다.
　우리도 자신의 내면을 통해 사물 자체에 접근할 수 있으며 심지어 우리의 내면에서 발견되는 의지는 자연현상의 본질인 의지와 동일한 것이라고 주장한다. 이것이 모든 존재에서 일어나는 '무의식적 의지'인데 이 무의식적 의지는 쇼펜하우어 철학의 핵심 개념이다.
　칸트에서는 알려질 수 없는 물자체(Ding an Sich 존재, 사물의 근원 이데아)에 대해 쇼펜하우어는 물자체야말로 우리에게 알려진 '우리 자신의 의지'라고 말한다. 그는 인간의 의지를 자연현상에서 표현되는 의지와 동일한 근원적 실재로 받아들인 것이다(『자연에서의 의지에 관하여』, 아카넷, 2012).

자연에 의지가 있으며 있다면 인간이 이를 인식하거나 관계 맺는 일이 가능한가 하는 주제는 경험과학의 영역을 넘는 주제일 것이다. 동물의 세계야 어느 정도 의사교환이 되는 측면이 있다. 예로 강아지가 주인을 따를 때 의사소통이 어느 정도 가능한 것을 경험한다.

하지만 쇼펜하우어의 경우 모든 자연에 의지가 있으며 이 의지의 동일성까지 말하는 걸 본다면 이는 일종의 형이상학적 접근, 즉 약간의 초월적 직관을 수반할 때 발생하는 경험으로나 설명이 가능할 것이다.

종교적 엑스타시에 몰입했을 경우, 예로 프란시스 같은 분은 자연과 교감이 일상적이었다고 알려지며 주변에서도 종종 그런 체험담을 듣게 된다. 하지만 불교나 힌두교, 물활론(animism), 뉴에이지 운동 같은 걸 통해 범신적(Pantheism) 동일화의 체험이나 해탈이란 이름의 괴행(怪行)은 경계해야할 주제일 것이다.

> 하나님께서 창조하신 세계는 실로 놀랍고 또 놀랍다.
> 성경이 하나님의 직접 계시인 반면 자연은
> 하나님이 자신의 의지를 나타내신 간접계시 아닌가.

> 여호와여 주께서 행하신 일이 어찌 그리 크신지요
> 주의 생각이 매우 깊으시니이다 어리석은 자도
> 알지 못하며 무지한 자도 이를 깨닫지 못하나이다
> 여호와여 주는 영원토록 지존하시나이다 [시 92:5]

죽음이란 무엇인가

하버드대의 마이클 샌델(Michael J. Sandel) 교수의 '정의란 무엇인가'가 유명한 강좌였다면 예일대의 셸리 케이건(Shelly kagan) 교수의 '죽음이란 무엇인가' 또한 못지않게 유명한 강의였다고 알려진다. 이 강의의 한국 버전을 읽어보면 구원받지 못한 사람의 이성과 논리로 죽음 문제를 해명해 보려는 노력의 허무와 비참성을 절감하지 않을 수 없다.

부제에 '오직 이성과 논리로 풀어낸 죽음과 삶의 의미'라 했는데 이성과 논리로 죽음과 신(God), 형이상학적 주제들을 해명할 수 있겠는가. 그 이성과 논리란 게 죄와 유한성의 구조에 함몰된 것이어서 존재의 근본적 해명이 지난할 뿐 아니라 잘못 가다가는 오류의 함정에 빠지게 되는 것이다.

이성과 논리로 존재세계가 몽땅 해명된다면 이 세상에 왜 종교가 있겠으며 이성과 논리로 포장된 이데올로기로 인한 파괴적 재앙들이 왜 연속되겠는가.

18C의 계몽주의 운동은 이성을 신의 자리에 격상시켰다. 하지만 1, 2차 대전으로 이성에 대한 의문이 가시질 않았다. '이성의 도구적 성격'을 자주 말하곤 하지만 이성과 논리는 악을 정당화하기도 하고 욕망에 쉽게 굴복하는가 하면 존재세계의 근원적 실체를 파악할 능력이 없는 허약한 자다.

지금의 탈근대(postmodern) 같은 분위기는 이성과 그 이성의 속성인 질서 지음 기능에 대한 반발이요. 이성의 이름으로 건축된 문명 체계에 대한 안티일 것이다. 이성과 논리로 접근한 죽음 현상에 대한 탐구도 결국 허무와 불가지론, 답 없음이란 벽에 부딪히고 말 것이다.

셸리 케이건 교수의 강의도 결국 많은 사람을 허무하게 하고 삶의 고귀한 가치를 희석시키면서 유명세만 따먹은 결말일 것이다. 그가 책상에 앉아 강의(탁자 위에 앉기로 유명)하는 동안 많은 학생들이 진땀 빼면서 귀를 기울였지만(17년간 명강의로 알려짐) 결국 영혼의 실체성을 부정하고 물리주의(physicalism)라는 궁색한 논리가 그 결말이다.

이 사람의 강의는 철저히 물리주의(영혼의 실체성을 부정하고 유물론적 세계 이해 방식)에 귀결되고 만다. 플라톤(Platon), 아우구스티누스(Augustinus), 데카르트(Descardes)로 이어지는 이원론적 이해(인간을 영혼과 육체의 합일체로 보는)에 대한 지속적 공격이었다. 이 사람도 꽤 진지하게 고민은 한 것으로 보인다. 죽음과 내세, 영생의 과제 등 건드려보지 않은 게 없을 만큼 이 생각 저 생각 많이 한 것 같지만 그 이성과 논리로 안 되는 영역을 무리하게 건드려 놓고, 결국 교회신앙에 회의를 심어 주고 인간 삶에 대한 무의미성만 강조한 셈이다(나름대로 의미 규정을 하는 것 같지만 본질, 궁극성 결여로 허무를 이길 수 없는 말들의 연속).

그가 예일대서 강의하는 중 있었던 일을 소개하는데 감동적이기는 고사하고 비극인데 자신은 감동이라고 소개하는 스토리가 있다. 1학년 때 암 선고를 받고 의사가 고작해야 몇 년밖에 살

수 없다고 진단 받은 학생이 스스로에게 "남아 있는 시간동안 무엇을 해야 할까." 고민하다가 "죽기 전에 학교를 졸업해야겠다." 결심하고 졸업반 2학기에 케이건 교수의 죽음학 강의를 수강했다.

  그와 영혼과 죽음 이후의 삶이 있는지 죽음이 과연 나쁜 것인지에 대해 얘기하곤 했는데 병이 악화돼 고향으로 내려갔고 졸업 전에 사망했지만 학교는 교무처장을 보내 학위를 수여했다는 스토리였다. 이 학생이 케이건으로부터 죽음에 관해 어떤 얘기를 들었을까. 케이건 책의 한국 버전만 가지고 추측해 본다면,

  죽음 이후의 생은 없다
  죽음은 고통을 없앤다는 의미에서 좋은 것이다
  영생은 나쁜 것이다. 지루해서 어떻게 견디겠나
  영혼이란 존재는 없다. 존재하지 않는다
  인간은 육체뿐이다
  지금 행복하게 사는 사람에겐
  죽음으로 행복이 박탈되기 때문에
  죽음이 나쁜 것이지만
  고통스런 사람에겐 모든 게 없어지니까
  죽음은 좋은 것이다

  이런 얘기를 반복 들었을 것이다.
  성경 [히브리서 9장 29절]에는

"한번 죽는 것이 사람에게 정해진 것이요. 그 후에는 심판이 있으리니" 하셨다.

이성과 논리로 알 수 없는 내세에 대하여 하나님이 말씀하신 것이다. 케이건 씨가 구원받은 하나님의 자녀요 성령의 사람이었다면 그 학생에게 구원의 복음을 전하고 기쁨으로 낙원에 이르도록 인도했을 것이다. 케이건 자신이 천국생활에 맹인이었기에 남의 영혼까지 허무로 유인한 결과가 됐으니….

이성과 논리에 국한된 학문에 대해 성경은 '초등학문'이라고 한다[갈라디아 4장 3절]. 이러한 규정은 이성의 한계 안에서 보는 한 인간 현상과 세계의 본질에 다가갈 수 없다는 계시인 것이다.

[고린도전서 2장 21절]에는
"이 세상이 자기 지혜로는 하나님을 알지 못한다"
라고 말씀 하신다.

케이건 선생이 연구하느라 수고는 많이 했고 유명도 했겠지만 결론은 실망이다. 유익이 없다. 하나님께 나가야 하는 영혼들을 땅의 사람들로 만들어 버리는 강의였으니! 안 듣느니 못한, 죽음의 길로 인도하는 강의였다는 게 적당한 평가일 것이다.

깊도다 하나님의 지혜와 지식의 풍성함이여
그의 판단은 헤아리지 못할 것이요
그의 길은 찾지 못할 것이로다 [로마서 11장 33절]

사유재산 문제 (로크냐 루소냐)

유명 언론인 류근일 선생께서 공병호TV 대담에서 존 로크(Loke, John 1632~1704)와 루소(Rousseau, 1722~1778) 중에서 로크의 길을 선택해야 한다는 당위를 말했었다. 존 로크는 옥스퍼드 대학에서 공부했는데 인간 인식의 근원을 질문하고 데카르트의 주장처럼 타고난 관념이 있는가, 어떻게 인간은 관념을 만드는가에 대한 물음에서 그는 경험으로 온다는 결론을 도출했다.

지식의 원천은 본유 관념이라는 데카르트에 반대해 지식의 원천으로서의 경험을 앞세웠다. 소위 영국 경험론(impiricism)의 창시자인 셈이다. 그는 정신을 백지상태(타블라 라사)로 간주하고 선천적 관념 자체를 부인했다.

류근일 선생이 로크를 강조한 건 이러한 인식론상의 논의가 아닌 로크의 사회정치적 견해 때문일 것이다. 로크의 견해에 의하면 인간은 자연 상태에서 신으로부터 주어진 공평한 권리를 부여 받았는데 이 권리야말로 〈자신의 재산을 가질 수 있는 권리〉이다. 신이 주신 자연을 주변 사람들의 동의 없이 소유할 수 있다는 것이다. 재산 획득에서 주변인의 동의를 받아야 한다는 견해들과 대립된다. 그러면서 로크는 인간은 자기의 재산을 더 효과적으로 안전하게 지키기 위해 사회 계약이 필요하며 이 사회 계약에 의해 국가가 성립된다고 보았다. 이 국가는 인간의 자연 상태에서보다 더 효과적으로 인간의 권리와 생명 그리고 사유 재산을 보호해 준다.

로크의 이러한 견해는 사유 재산의 유지와 증대를 지향하고 있으며 국가는 이를 보호하기 위한 장치란 의미가 된다. 이런 로크를 자유주의의 기초를 마련했다고 말한다. 사유 재산제를 옹호하는 자유민주주의의 토대가 되는 이론이다. 이러한 로크의 사상은 헤겔의 역사철학 법이론 국가 이론이나 프랑스 혁명 중 노동자들의 주장에도 영향을 줬다고 평가된다.

한편 루소는 프랑스 계몽주의의 뛰어난 지성인데 18세기 사회 비판 사상의 절정이라고 할 만한 아이콘이다. 그는 독학으로 교양을 쌓았고 신비주의와 모험 정신으로 가득찬 멘탈이었다고 알려진다. 16세부터 방랑하며 탐구, 학문과 예술에 부정적이어서 이 학문과 예술을 게으름과 죄악의 원천이라 했고 게으름과 죄악이야말로 이것들의 메이커라고 했다.

그는 유명한 『인간 불평등 기원론』을 1754년에 썼는데 여기서 도덕의 타락 원인을 사회적 불평등에서 찾았다. 그리고 이 사회적 불평등의 원인을 〈사적 소유의 발생〉이라고 했다. 자연 상태에서의 인간은 자유롭고 완전 평등했으며 〈소유〉란 걸 알지 못했다. 법도 전쟁도 죄악마저 없었다. 이렇게 선했으나 소유를 알고 생활이 안락해지면서 타락했고 불평등이 생겼다고 한다.

자연 상태에서의 인간을 〈만인의 만인에 대한 투쟁〉으로 여긴 홉스(Hobbs)의 생각과 정반대 이론이다. 인간이 원시상태에서 농경문화로 이행하면서 토지 분할이 발생했고 사유 재산제와 동료 인간을 지배하는 형태가 되었으며 이에 따라 국가가 발생했고 사회적 불평등과 폭력 전쟁 등이 만연케 된다고 했다.

하지만 루소는 원시적 자연 상태인 야만으로 복귀가 아닌 인간의 문화적 성과와 도덕적 자유에 기초한 평등을 말했다. 그의 자연주의는 원래 타고난 것을 존중하자는 의미다. 인간이 타고날 때 선했기에 선천적으로 부여된 자연성을 회복하자는 주장이 그의 교육론인 〈에밀〉의 내용이다.

이러한 루소의 사상은 역사적 유물론의 이론적 원천일 수 있으며 사유 재산을 악으로 보는 마르크스주의가 악용할 수 있는 이론이다. 프랑스의 풍자적 비평가로 유명한 볼테르(Voltaire)는 루소의 주장을 "부자에 대한 빈자의 약탈이라는 대가를 치르고라도 인간을 결합, 조직시켜 보겠다는 가엾은 룸팬의 철학"이라고 혹평했었다.

류근일 선생이 우리가 루소 스타일이 아닌 "존 로크 쪽이어야 한다"라고 멘트한 것은 루소의 낭만적 이상주의가 종북 주사파에게 악용될 수 있다는 경고일 것이다. 나라는 점점 사회주의적 전체주의 모델로 가고 있다.

이런저런 구실로 사유 재산 지켜내기도 어려워져 간다. 자유의 보장은 사유 재산제로 구체화된다. 자유를 뺏기고 획일적 전체주의 하에서 살자는 공산사회주의적 구호야말로 빅 브라더 체제서 동물되자는 토크일 것이다. 종북 세력들의 허위선동 깨는 애국시민들의 이론적 무장이 절실한 시점이다. (출전 생략)

인간은 악(惡)한 존재인가

〈정인이〉 사건이나 〈부정선거가 정당화 되는 일〉들을 보면서 인간은 이성적 존재인가. 인간이 저지르는 악의 본질은 무엇이며 인간은 악을 극복할 수 없는 존재인가를 묻게 된다. 악(惡)은 〈자연의 악〉과 〈인간의 악〉으로 나눠 볼 수 있는데 자연재해로 인해 사람이 죽곤 하는 것은 자연의 악이다.

기독교는 이 악의 근원을 인간의 타락에서 찾는다. 자유의지를 창조주 하나님을 위해 쓰지 않고 사탄을 위해 사용함으로 세상에 악[罪의 결과]이 들어왔다는 것이다. 아담 이래 인류의 원죄(原罪)는 인간뿐 아니고 피조물에게까지 영향을 가해 피조물들조차 함께 탄식하며 고통하는 세계가 됐다 [롬 8:22].

이런 현실에서의 인간은 죽음을 향해 질주하는 삶을 산다. 이 죽음 또한 원죄의 결과로 찾아온 〈악〉이다. 사실 삶이란 죽음을 피하려는 몸부림의 다름 아니다. 〈죽음에 대한 저항〉 이것이 삶의 동력이며 문화를 추동하는 힘이 아닌가. 죽음이야말로 이성을 가진 인간 존재에게 풀 수 없는 신비요 공포다. 사실 인간이란 〈태어나기와 죽기를 반복하는 세포들의 집합체〉에 다름 아니다. 마찬가지로 인간 세상도 〈죽기와 태어나기를 반복하는 집합체〉다.

어떤 사람들은 인간 정신을 〈타나토스(Tanatos, 죽음 본능)〉와

〈에로스(Eros, 생존 본능)〉의 대립에서 찾기도 한다. 〈살려고 하는 본능과 죽음 본능〉이란 대립된 두 개의 본능이 인간 정신을 지배한다는 것이고 이 두 개의 본능은 굳게 결합돼 분리되지 않는다. 인간에게는 삶의 본능만 있는 게 아니고 고된 삶을 마감해 영원히 안식을 취하려는 죽음 본능도 있다.

살고 싶어하면서도 죽음을 계속 생각하는 게 죽음 본능인 것이고 죽기 싫고 살려고 몸부림치면서 동시에 죽음 본능이 작동한다. 삶의 본능인 에로스적 활동을 하면서도 죽을 존재인 것을 아는 영혼에 문득문득 죽음 본능이 스친다.

스피노자(Spinoza)는 〈욕망〉을 인간의 본질로 여겼다. 그는 인간은 욕망이 본질(본성)이고 〈이성은 오히려 그 욕망의 도구〉라고 여겼다. 스피노자는 〈코나투스(Konatu)〉라는 게 모든 존재의 근저에 있다고 했다. 이 코나투스는 〈자기 보존 욕망〉을 말한다. 그는 영혼의 중심에 〈욕망〉이 있고 이성은 욕망을 실현하기 위한 도구요 영혼의 두뇌(Brain)이며 〈감정은 욕망의 성취 정도를 말해 주는 기호〉라고 했다.

결국 욕망이 영혼의 본질이란 얘기다. 스피노자에게는 악(惡)이란 것도 이 〈욕망이 파괴적으로 작용한 것〉이 된다. 즉 악이 욕망의 다른 이름인 것이다.

임마누엘 칸트(Kant)는 인간 본성에 자리 잡힌 〈악〉의 문제를 깊이 천착했다. 그는 인간이 자기가 세운 마음의 준칙(마음에 설정된 도덕적 원칙)을 쉽게 깨트려 버리는 존재라는 점에서 인간을 악한 존재로 보고 이 악을 〈근본악(radical evil)〉이라고 했다. 그러니까 인간이 어떤 일에 도덕적 원칙이나 기준(준칙)을 마음에 가졌다가도 욕망이나 어떤 현실적 요청에 쉽게 그 준칙을 포기한다는 점에서 악하다는 것이다.

유행가 "안 되는 줄 알면서 왜 그랬을까~ "
딱! 그 처지다.

그런데 칸트는 이 근본악을 인간이 극복할 수 있다는 가능성 겸 희망을 갖는다. 그는 인간이 타락하기 전에는 선했다는 점에 착안한다.

아담이 선악과를 먹기 전에는 선했다는 점에서 인간은 〈근본악〉이 있음과 동시에 〈근본 선〉도 있다는 점을 〈악 극복 가능성의 근거〉로 삼는다. 그래서 이성의 힘으로 이 악을 극복할 수 있다고 기대하고 그 〈이성의 힘〉으로 〈근본 선〉을 추구하자는 것이다. 하지만 칸트의 이런 제안은 현실성이 떨어진다. 인격이 고매하고 스펙이 좋고 지명도가 있고 해도 인간은 욕망 앞에 쉽게 굴복한다.

지금 바이든이나 민주당 인사들이 소아성애에 연루됐다고 폭로된 것만 봐도 그렇다. 인간은 여건과 환경이 갖춰졌을 때는 도덕적 존재일 수 있으나 그게 안 되거나 위기상황, 욕망 구현의 조건에서 쉽게 굴복하고 만다.

기독교인의 경우는 구주 예수를 믿고 영혼이 구원받아 성령이 내주하시면 내 힘으로 안 되는 것을 성령의 도우심으로 구현해 나간다. 하지만 이 또한 완전 선에 이르는 건 아니다. 아무리 성령 충만해도 지속적이기 어렵고 환경이나 생존에 위협이 올 때

여지없이 무너지기 쉽다. 그래서 구원의 복음은 믿음으로, 은혜로 구원이지 행위로서가 아니다.

행위로 구원받으려면 인간 스스로가 완전해 질 수 있어야 하는데 우리 경험도 그렇지만 성경이 그건 안 된다고 한다. 그래서 구원은 하나님의 무조건적 선택과 은혜로 구원이지 인간 행위로는 아니다.

행위는 상급과 축복 하나님의 영광과 관계될 뿐이다. 그래서 성경은 세상의 종교들을 인정하지 않는다. 종교들은 인간이 선을 행하거나 도를 닦고 공을 드려 완전해지거나 그것으로 구원이나 미래를 보장받을 수 있다고 가르친다. 하지만 성경은 "의인은 없나니 하나도 없다." 하신다. [롬 3:10] 성경은 인간 스스로 구원에 이르거나 완전해 질 수 있다는 가능성을 1%도 인정하지 않는다.

인간은 악한가? 그렇다.
선한 요소도 일부 있으나 항시 악의 경향성을 지닌다.
인간 스스로 악을 극복할 수 있나? 완전 극복은 안 된다.
부분적 컨트롤일 뿐이다.
인간은 영원히 악한 존재로 형벌 받아야 하는가?
희망은 그리스도다.
그는 우리의 죄악을 담당하시고 대속(代贖)하셨다.
죄와 악이 남아있는데도 구원이 가능한가? 그렇다.
하나님은 인간의 죄와 그 열매인 악을 모두 그리스도가 담당해 대신 십자가 형벌 받게 하셨다.

그럼 큰 죄 지은 자나 극히 악한 자도 구원받는가? 그렇다! 예수 그리스도를 진정 구주로 믿고 영접하여 거듭나기만 하면 구원받는다. 오른편 강도도 구원받았다.

세상의 악은 근절될 수 없는가? 없다.

인간들의 악이 더욱 강성해지고 그 악에 대한 심판으로 큰 환난이 있을 것을 성경 특히 계시록은 예언하고 있다.

인간에게 가능성과 희망이라면 무엇인가?

오직 예수 그리스도와 성경뿐이다.

인간 스스로 완전한 사회, 즉 낙원 건설이 안 되나? 안 된다.

세상은 점점 악해졌다가 그리스도께서 재림 하시고 천년 간 통치하시는 때라야 잃었던 지상낙원 회복된다고 성경은 말씀한다.

신좌파는 음란교다

〈허버트 마르쿠제(Marcuse Herbert,1892~1979)〉는 20세기 후반 정치적 좌파로 강력한 영향력을 행사했는데 헤겔, 마르크스, 프로이트를 짬뽕하고 1960년대 후반의 학생운동에 영향을 미친 사람이다.

그는 헤겔의 변증법, 마르크스의 노동 소외 문제, 프로이트의 에로스 사상을 통합하여 소위 '비판 이론'이란 것을 만들어 낸다. 이 마르쿠제 같은 인사들이 모인 곳이 〈프랑크프르트 학파〉란 건데 여기에는 호르크하이머, 에리히 프롬 같은 사람들로 구성됐고 마르크스주의자들의 집합소였다.

여기에 중요한 또 하나의 핵심은 〈프로이트주의〉였다. 알다시피 프로이트(Freud)는 성(性, Eros)을 인간 정신의 메인으로 보고 여기에 몰두한 사람이다. 이 프랑크푸르트 학파는 〈마르크스와 프로이트〉를 결합시키려고 한 집단이었기 때문에 이들을 〈프로이트 마르크스주의〉라고 부르기도 한다.

마르쿠제나 프랑크푸르트 학파가 우리 사회의 타락을 부추기는 동기가 된 소스야말로 〈마르크스주의와 프로이트의를 결합〉시키려한데서 비롯된다. 고전적 마르크스 레닌주의가 폭력 공산혁명을 시도하다가 실패하자 1920년대 후로 등장한 새로운 마르크스주의가 이런 〈프랑크푸르트 학파〉나 〈마르쿠제〉의 이론들인 것이다.

이들은 마르크스 레닌주의의 과격하고 폭력적인 인상을 감추기 위해 공산주의란 말 대신 〈사회주의〉를 말하고 〈휴머니즘〉(인도주의)을 내세워 인권, 평등, 나눔, 섬김, 정의구현 소수자인권 공동체, 안티 차별 등의 순화된 말로 지식인 사회를 파고든다.

하지만 속은 마르크스 공산주의 혁명인 것이다. 프로이트는 〈충동의 억압이야말로 문명의 필연적 결과〉라는 시각이다. 그래서 이 신좌파들은 프로이트를 재해석하고 〈휴머니즘적 마르크스주의〉라는 등의 간판으로 〈해방 사회를 위한 유토피아〉라는 등의 사기성 비전을 만들어 낸다. 이 비전을 실현키 위해 마르쿠제 같은 경우는 폭력 사용도 옹호한다.

프로이트나 이를 추종하는 자들에게서 행복이란 〈성적 욕망의 구현〉에 다름 아니다. 성적 욕구가 충족돼야 행복인 것이며 이를 억압하는 구조나 체제를 폐기해야 좋은 세상이 온다는 주의다. 그래서 그들은 성적 억압을 가져온다는 〈남성 중심 가부장제〉나 〈동성애 억압 구조〉를 철폐하려 나댄다. 소위 PC운동(political correct, 정치적 올바름)이란 것도 이런 흐름인 것이며 이들은 출신 성분, 종교, 성별할 것 없이 모든 차별과 편견을 반대한다며 이를 인정하지 않는 자들에 대한 적대적 낙인을 찍는다.

고전 마르크스 공산주의를 속에 품은 채 마르크스가 경제에 중점 둔 것을 〈문화〉로 바꿔 침투하는 게 〈신좌파(Neo-marxism)〉인 것이며 그 중심엔 〈성적 타락을 통한 인간 정신의 지배 이데올로기〉가 자리하고 있다.

그래서 그들은 동성애는 물론 소아성애나 수간할 것 없이 소돔, 고모라를 재현하는 음란 조장 팀들이다. 이름을 그럴듯하게 하고 있지만 이 신좌파 네오마르크시즘은 한마디로 성적 억압을 타파한다는 미명하에 음란 조장 사이비교에 다름 아니다. 폭력으로 혁명이 안 되니까 영혼을 음란으로 마취, 타락시켜 공산주의 세상을 만들겠다는 음모다.

특히 이들은 억압을 조장하는 체제로 〈기독교회〉를 맹공한다. 마르크스주의 자체가 기독교를 없애려 날뛰는 운동이듯 신좌파란 자들도 기독교회를 억압의 종교로 취급, 파괴하려 난리다.

지금 정의당 사람이 성추행으로 대표직 사퇴한 거나 붉은당의 박원순, 오거돈, 안희정 할 것 없이 넓게는 신좌파의 음란교 영향을 받은 결과들일 것이다. 좌파들의 성적 악행은 두말할 필요가 없다. 혁명동지를 만든다면 온갖 부끄러운 짓을 서슴지 않는 부류들이다. 이들이 한결같이 기독교회를 없애려고 난리치는 것은 이 부끄러운 짓하는 데 교회가 방해 놓는다는 취지다. 그래서 기독교회를 억압의 종교라며 씹는다.

시민을 음란교도 만드는 신좌파 공산주의는 앞으로 차별을 없앤다면서 젠더니 뭐니 하는 구실로 인간을 동물 비슷하게 만들고 공산전체주의에 순응하는 로봇화 시키며 성적 방종과 타락을 마구 부추겨 동성애는 물론 성구별 없앤다면서 30가지 그 이상으로 성적 네이밍을 부추길 것이다. 이렇게 영혼을 마구 타락시키는 흐름을 타고 자기를 동물로 정체화하겠다는 인간이 출현할지 모른다.

북괴의 사이비 주체수령교에 접신되고 신좌파에 빙의된 자들이 이 땅을 소돔성으로 만들고 있으니 나라가 망하지 않고 배겨

낼 것인가.

   제2의 박정희가 나오던지
   광화문에 백만 성도와 애국시민 집결해
   나라를 강도질 해간 무리들 끌어내려야
   나라가 살아나지 않을까 싶다.

인간에게서 영혼이란 무엇인가

예일대 교수 셸리 케이건(Shlly Kagan)의 〈죽음학 강의〉는 유명하긴 하나 별 유익이 없고 도리어 (그의 강의에서) 인간에 대한 유물론적 해석이 주는 해독을 얻게 될 수 있다. 그의 강의는 물리주의(physicalism)를 토대로 하고 있다. 이 물리주의는 마음(정신, 영혼)은 곧 두뇌에서 일어나는 사건과 동일하다는 입장이다. 즉 마음에서 일어나는 사건은 곧 두뇌의 상태라는 것이다.

심신 이원론(dualism)을 주장하던 고대의 플라톤, 아리스토텔레스 시대에는 과학이 덜 발달됐던 때라 정신육체 이원론이 먹혔지만 이와 같이 현재는 모든 정신작용이 우리의 두뇌(brain)에서 이뤄지고 있다는 설이 지배적이어서 이원론적 이해가 설 곳을 잃어가는 추세다.

17C의 데카르트는 소위 말하는 이원론자로서 실체이원론을 주장하였다. 실체라고 하면 다른 것에 의존하지 않고 독립적으로 존재하는 것을 말하는데 데카르트는 인간이 정신과 육체라는 두 개의 실체가 함께 공존하는 특별한 존재라고 생각했다. 그는 두뇌의 송과선(pineal gland)이란 것에서 의식[정신]이 발생한다고 주장했었는데 이 당시만 해도 해부학이 덜 발달한 때라 송과선이 인간에게만 있는 특별한 것으로 여겨 그런 생각을 했던 모양이다.

이렇게 정신육체 2원론을 주장하는 사람들에서도 어떻게 인간의 정신이 출현하는 거며 육체와 어떤 관계를 지니는가 하는 문제는 난제가 아닐 수 없다.

17C 니콜라 말브랑슈(Nicolas Malebranche)는 기회원인론(Opportunity theory, Occasionalism)을 주장했는데 이 설은 창조된 물질은 모든 사건의 작용인(운동이나 현상을 만들거나 원인 제공)이 될 수 없고 모든 사건은 신에 의해서 일어난다는 이론이다. 존재들의 변화와 사건, 운동 이 모든 것들은 모두 신의 의사에 따라서 운동, 변화의 기회가 주어진다는 것이다. 따라서 우리의 심신의 상호관계나 여기서 발생하는 모든 의지 또한 신이 기회를 준 것에 불과하다고 본다.

셸리 케이건의 강의를 이해하기 위해 심신문제를 잠깐 스케치해 봤지만 오늘날의 심신이론(mind and body theory)은 물리주의가 대세라 할 수 있다. 케이건도 이 물리주의를 가지고 인간 그리고 죽음의 문제를 논하고 있다.

물리주의란 세속적 유물론의 아류인 것이고 그 결말은 허무와 무의미, 무신론임을 피할 수 없는 코스다. 케이건은 인간의 정체성에 대해 물으면서 인간이란 뭔가에 대해 육체, 인격, 영혼 셋 중에서 선택할 것을 주장한다(『죽음이란 무엇인가』 엘도라도, 2017 p.187) 그는 자신을 물리주의자라고 밝히면서(p.103) 인간의 정체성을 결정하는 핵심이 육체라는 점을 분명히 한다(p. 184).

"나는 영혼의 존재를 인정하지 않기 때문에 결국 육체 관점과 인격 관점 사이에서 최종 결정을 내려야야 한다… 현재 나는 육체 관점 쪽으로 기울어져 있다. 그래서 나는 인간의 정체성을 결정하는 핵심이… 육체 관점을 최선의 대답이라 여기고 있다… (p.232, 233)"라고 함으로 육체를 인간 정체성(본질)의 핵심으로 여긴다. 그는 인격은 뇌일 뿐이고(p.180) 뇌가 최고이며(p. 237) 죽음으로 모든 것은 끝이라고 주장한다.

"내가 죽고 나서 내 몸이 부활하거나 내 인격이 이식될 것이라고 기대하지 않는다. 나는 죽음이 나의 진정한 종말이라 생각한다. 죽음은 나의 끝이자 내 인격의 끝이다. 죽음은 그야말로 모든 것의 끝이다." (p. 245)

결국 육체가 인간이며 죽음으로써 끝이며 인격이란 것도 조금 가치는 있으나 죽음 후에 그 인격이 유지될 거라는 근거가 없기 때문에(p. 244) 이 또한 가치 부여가 어렵다는 논조다.

그가 임사체험도 논하고 자유의지, 사고실험, 경험기계 등 여러 부분을 터치하고 있으나 바탕에 흐르는 건 위에 언급한 대로 육체를 메인으로 한 〈물리주의〉다 영혼의 실체성을 극구 부인하는 육체주의며 인격 또한 별 것 아니라는 논리다.

케이건의 죽음 강의는 뇌와 육체에 올인한 것으로 인간을 포함한 모든 동물은 그저 물리화학적 실재일 뿐이라는 그 흔한 유물론적 견해를 홍보하고 있다. 과연 인간은 육체뿐이며 두뇌만이 전부일까.

육체 그것만이 인간이란 말인가. 이렇게 영혼의 존재를 부정하는 논리가 드세긴 하지만 우리 인간은 물리-화학적 과정으로 모두 설명될 수 없다. 영혼을 부정하는 이런 유물론 형태가 지배적인 것 같지만 아니다. 그들 자신도 만족이 없고 여전한 공허감으로 허덕일 것이며 영혼 없이 인간을 설명하려는 여러 시도들이야말로 허무를 수반할 것이다.

육체 없는 영혼은 생각할 수 있으나 영혼 없는 인간은 생각 자체가 어렵다. 케이건의 책 부제가 '오직 이성과 논리로 풀어낸 죽음과 삶의 의미'인데 이성과 논리가 신이 아니고 전능은 물론 아니며 진리의 척도일 수 없다.

이성과 논리는 감각 안에 들어오는 현상계에 관한 제한적 지식 구성만 가능할 뿐이다. 그 지식도 궁극성 절대성을 담보할 수 없는 제한적 정보인 것이다. 케이건의 지식이 진리이려면 인간의 이성과 논리가 신이거나 무오류의 존재여야 한다. 인간은 영혼을 빼놓고 설명 불가능한 존재다.

영혼육체 복합물이 인간임을 부인할 필요가 없고 부인되지도 않으며 이를 이원론이라는 등으로 거부 반응할 필요가 없다. 과학 쪽은 영혼에 대해 적대적이지만 전술한 것처럼 과학이 마스터키는 아니다. 영혼문제에서 물리주의는 인간을 단순한 물질로 취급, 형편없이 다뤄도 되는 존재로 전락시킬 수 있는 나쁜 이론이다.

영혼이 정신적 삶의 실체적 주체라는 신념을 견지해야 한다. 이는 신학적 사유와 신앙에서 필수이다. 영혼 없는 신학과 신앙? 육체뿐이란 인간 이해? 영적 맹인들(blind)로 가는 첩경일 것이며 성경신앙 파괴 코스다. 바르트(Barth)나 쿨만(Culmann) 등의 영혼관이 물리주의와 링크할 접점이 있다. 경계해야 할 일이다.

과학은 이성을 발휘한 결과물이기에 이성의 한계 안에서만 기능하는 것이고 인과 법칙으로 답할 수 있는 질문들에 국한된 것인데 초자연적인 것이나 계시에 의하지 않고는 답할 수 없는 영역까지 침범하려 든다면 오류일 것이다.

아무리 영혼을 부정하려 해도 부정될 수가 없다. 영혼이 메인인 인간 존재를 영혼 없이 어떻게 설명하겠다는 건가. 중세 13C에는 인간의 영혼 안에 지성과 감각 모두가 포함되는가 하는 문제를 놓고도 치열한 논쟁을 했었다(13C 지성 단일성 논쟁).

케이건은 이런 논쟁들이나 세계영혼(Anima Mundi), 네오 플라톤(Neo Platon) 등 서양 지성사에서 치열하게 전개돼 온 영혼 논의를 등한시했거나 간과하고 현대적 과학주의와 결탁된 유물론적 세계관에 심취, 물리주의란 걸 가지고 삶과 죽음의 문제를 다루고 있다는 인상을 준다. 아무리 현 시대적 사조에 급급해도 플라톤(아리스토텔레스), 아우구스티누스, 데카르트에 이르는 영혼 육체 이원론적 이해를 무시할 수 없을 것이다.

케이건의 강의는 기독교 신학과 성경적 인간론에 대한 도전이요 반박이며(일부 부패한 자유주의 신학에선 좋아라며 활용할 것이다) 허무를 조장하고 영혼 구원의 기회를 박탈하는 강의다. 이런 무책임 강의가 인기를 누리니 압살롬이 난동부릴 때 예루살렘 성이 환호하던 일과 같은 패턴일까.

신실한 성도는 이런 부류에 영향 받지 않을 것이다. 물론 성경은 2원론은 아니다. 하지만 현실 세계, 특히 인간에게서의 영혼의 문제는 인간 이해의 핵심적 주제다. 영혼 문제를 등한시한 인간론은 공허하고 허무에 이른다. 인간은 영혼과 육체로 이뤄졌다는 점에서 2원적 1원론이다.

신학에서의 구원론은 일차적으로 영혼 구원이다. 근자의 실증주의나 자연과학의 영향력이 신학에까지 침투해 카를 바르트(Karl Barth), 오스카 쿨만(Oscar Culmann) 등이 영혼 구원을 포기하고 영혼 수면설 같은 미봉책으로 흐르는 건 경계할 일이다. 그리스도는 오른편 강도에게,

"네가 오늘 나와 함께 낙원에 있으리라" 하셨다 [누가복음 23:43]. 이는 강도가 육체는 사형 당하지만 영혼은 낙원에 있을 것을 말씀하신 것이다.

그리스도인은 죄사함과 영혼의 구원, 몸의 부활을 구원의 핵심으로 각인한다. 영혼 없는 인간 이해는 과학이나 뇌의 기능만 신앙하는 신종 미신일 수 있다.

여호와를 의지하는 자는
시온 산이 흔들리지 아니하고
영원히 있음 같도다 [시 125:1]

제2부

100세 현역의 신인류 시대

왜 큰 행사 때마다 비가 오나?

작년 8·15에 장대비가 쏟아져 행사에 큰 지장되더니 이번 3·1절에도 비가 와서 국민저항운동에 큰 지장이 왔다. 중국 코로나가 있지만 비가 안 왔으면 상황이 달라졌을 것이다. 광화문 운동에서 3·1절에 주사파정권 끝장내려고 상당한 준비가 됐었는데 무엇보다 비 때문에 막혔다.

왜 이렇게 국민적 행사 때마다 비가 와서 주사파정권을 도와주는가. 코로나도 자연 현상의 일부인데(물론 중국에서 만든 생물화학무기라는 주장이 있다) 주사파정권의 우군 노릇 톡톡히 하고 있다. 코로나 없으면 정권 지탱하기 어려웠을 것이다. 자연 현상으로서의 코로나와 비는 왜 하필 주사파의 도우미하면서 애국시민들을 힘들게 만드는 걸까?

자연의 본질을 이해하고 규정해 보려는 시도는 인류 역사와 함께하지만 여전히 미스터리다. 신(神)과 자연(自然) 그리고 인간(人間)에게 공유적 속성이 있는가. 혹은 이 3차원이 단일체인가(범신론(汎神論)). 아님 아무 연관성 없는 각자 도생인가? 그리고 이 자연이란 객체는 의지를 가지고 있는가. 아니면 필연과 기계적 작동일 뿐인가. 의문이 아닐 수 없다.

서양 역사에는 기회원인론(occasionnalisme)이란 게 있다. 이 이론의 전제는 세계의 모든 사상(事象, 나타난 사실과 현상)의 유일한 작용자가 신(神)이란 주장이다. 신에 의해 창조된 피조물은 그들 스스로 작용인(作用因, 움직이거나 활동할 동력을 유발)이 될 수 없고 그럴 능력이 없다는 것이다.

피조물의 운동이나 생명력의 발동은 신(神)이 그 원인이 된다. 즉 신(神)이 인간 육체나 자연 세계 동작의 원인이 되는 것이고 피조 세계의 모든 작동은 궁극적 제일 원인인 신(神)의 작용이며 그가 부여한 기회이다. 그러니까 자연의 현상이나 인간 정신의 모든 작용들은 신(神)이 부여한 기회로 현상화된다는 결론이다.

이 기회원인론의 절정인 사람은 말브랑쉬(Malebranche, 프랑스 1638~1715)이다. 그에 의하면 육체인 인간에게서 정신 현상이 발생해 육체가 움직여지는 것도 그 정신과 육체를 통해 작용하는 신(神)의 작용인 것이고 결국 모든 생명 현상이나 자연 현상은 신(神)이 부여한 기회에 일어나는 것이며 그 근본 작용인(作用因)이 신(神)이라고 한다.

말브랑쉬는 〈인식(認識)이란 물(物)을 신(神) 속에서 보는 것〉이라고 했다. 모든 자연이나 인간 현상이 제일 원인이고 절대 원인인 신(神)에 의해서 발생하는 것을 파악하는 것이 참된 인식이란 얘기다. 이 기회원인론은 본래 데카르트의(Descartes, 프랑스 1596~1650) 심신이원론(心身二元論)을 극복하는 과정에서 생긴 학설로 알려진다.

말브랑쉬에 의하면 인간의 정신 현상도 자기 의지로 신(神)의 영향(작용)을 받아드려진 것뿐이라고 한다. 자연계의 물체 또한 그 자체가 진정한 원인이 아니고 신(神)으로부터 나오는 작용을 받아들여 행동하는 기회[상황]일 뿐이라는 게 기회원인론의 요지다.

이 이론을 가지고 본다면 자연 현상도 신(神)의 의지의 결과물이다. 비가 오거나 바람이 불거나 하는 모든 현상들이 신적 의지의 반영인 것이다. 우리가 이성적 논리나 실험을 중요시하는 과학으로 설명할 수 없는 것들을 성경으로 말씀하고 있다. 성경에는 하나님께서 인간과 자연 모두를 창조하시고 섭리, 주장하시는 계시로 가득하다.

"주의 광풍으로 사람을 쫓으시며 폭풍으로 두렵게"하신다.

중요한 행사에 왜 비가 오는지를 이해하기 위해 기회원인론이란 것을 참고했듯이 자연 현상에 신적 의지가 없을 수 없을 것이다. 왜 비가 와서 행사를 방해했을까. 성경은 인간과 사회 자연 현상을 인간의 죄(罪)와 관련해 말씀하신다.

이번 3·1절이나 지난 8·15때 온통 비를 내리신 절대자 하나님의 뜻을 한국교회는 간파해야 한다. 지금의 반주사파 운동은 한국교회가 주관하고 있다 왜 반주사파 행사 날마다 하나님께서 비를 퍼부으셨을까. 한국교회에 누적된 죄악 때문일까.

WCC 용공 혼합 행사
종교다원주의 등 자유주의 신학의 사악한 배교 행위
공산주체교에 먹힌 목회자들
특히 대형교회들의 붕괴와 결탁된 악행
또 광화문 운동의 주역들도 암암리 하나님 영광을
훼손하고 있지는 않은가 살펴야 한다.

험한 말로 마귀를 이롭게 하는 건 자제돼야 한다. 지나친 영웅주의는 교만과 방종으로 흐를 수 있다. 아무리 인간이 애쓰고 천만 앱을 깔며 종일 방송해도 하나님께서 역사하셔야 재앙정권 퇴출되는 역사가 일어난다.

배교와 우상 숭배하다가 북이스라엘과 남유다 모두 망하고 포로됐던 역사를 새겨 마땅하다. 특히 대형교회 목회자들 이대로는 안 된다. 침묵과 방임도 공산주체교에 동조하는 배교행위요. 교회를 지킨다는 미명하에 자기 안일과 번영 추구하는 행위일 수 있다.

진보와 사회주의에 속지 않기

붉은 세력들은 용어 혼란 전술을 쓴다. 북한도 공산주의란 이름이 폭력성과 야만성, 잔인한 인상 주기 때문에 당 이름을 조선인민노동당으로 한다. 아울러 공산주의자들은 〈사회주의〉란 말로 자신들의 이미지를 관리한다. 또 서구에는 사회민주당이니 사회민주주의니 하는 것들이 있는데 붉은 세력들은 서구의 이런 것들과 동질인척 인상을 지으면서 위장 활동을 한다. 우리 주변의 사회주의는 서구의 것들과 전혀 다르다. 곧 공산주의이다. 용어 혼란 전술로 사회주의를 쓴다. 이들은,

사유 재산 폐지
자본가 재산 몰수
전체주의적 통제 사회
개인의 자유와 고유 개성 말살
독재 감시 사회
미군 철수
북한 주도의 통일, 이런 것들을 추구하는 자들이다.

한국에서의 사회공산주의는 몇 개의 증오 타깃을 설정해 주야장창 증오 감정을 만든다.

자유 대한
이승만
박정희
미국
일본
기독교회
대기업 재벌을 집요하게 증오한다. 한국을 태어나지 않았어야할 나라라고 하며 〈헬조선〉이라는 등 증오 비하한다.

〈진보(progressive)〉는 본래 인간이 더 나은 미래를 향해서 역사를 진전시키려는 과정을 말하는데 마르크스 공산주의 운동이 〈유물변증법〉이랍시며 혁명에 의한 사회발전 법칙을 썰 하는 과정에서 사용된 공산주의 운동의 전용어가 됐다.

그래서 진보는 곧 공산사회주의 운동이 된 것이지만 용어가 지니는 매끄러운 이미지를 악용해 그들이 사람 속이는 수단으로 사용하고 있다. 지금의 진보랍시는 선동 용어의 그늘에 서식하고 있는 것들을 보면,

페미니즘 동성애자들 부류
사회공산주의자
김일성광신도 주사파
무정부주의자
노동지상주의(syndicalism, 노조운동으로 다 때려 엎자는 급진사회주의)
신마르크스, 프랑크프르트, 프로이트주의(공산주의와 성적 타락을

믹스한 운동)

대깨문(문재인 광신도)

전교조…

할 것 없이 모두 〈진보〉란 용어를 가지고 움직인다. 속지 않아야 한다.

진보는 발전의 개념을 내포하는데 아니다! 도리어 〈퇴보 운동〉이다. 이들이 세력을 얻으면 되지도 않는 공산주의 유토피아 망상으로 다 때려 엎고 만다. 지금의 정권을 보라!

〈보수〉인 이승만 박정희에 의해 나라가 발전했고 부강하고 자유로운 나라를 만들었다. 〈진보〉랍시는 김대중 때 나라 망가지기 시작해 노무현 때 다 흔들어놓고 〈문재인에 와서 낭떠러지〉에 매달린 신세가 됐다.

그래서 〈진보〉란 용어와는 달리 〈파괴주의〉요. 〈퇴보의 대명사〉인 것을 잊지 않아야 한다. 그들이 왜 퇴보인가. 망가진 몹쓸 물건인 공산주의를 흠모하고 알거지 야만 살인 집단인 북괴를 추종하며 부강한 코리아를 북괴에 바치려 하고 있으니 이들이 〈퇴보〉가 아니면 뭐란 말인가.

그동안 붉은 자들은 〈보수〉란 말에 테러를 가해 아주 몹쓸 용어로 만들었다. 보수는 꼴통이란다. 그런데 진짜 〈꼴통〉은 진보랍시며 뇌가 붉게 물들어 북괴에 도우미를 하는 인생들이다. 그들이야말로 〈퇴보 꼴통〉 아닌가.

자유보수우파야말로 애국혼이고 나라의 근간을 지켜내는 자유 대한의 자랑스러운 신사숙녀들이다.

쇼펜하우어의 불교 사랑

쇼펜하우어(Arthur Schopenhauer, 1788~1860)는 의지의 철학자로 알려진다. 그의 책 『의지와 표상으로서의 세계』 제1장 시작에서 "세계는 나의 표상이다" 했는데 표상이란 앞에 놓인 것 머릿속(마음)에서 그려낼 수 있는 외적 대상을 말한다. 그에게서 이 세계란 의지(Will)의 산물이요 표상일 뿐이다.

그는 염세론자다. 인간과 사회에 대한 견해가 철저 염세주의다. 그에 따르면 인간 본성은 기본적으로 악하다. 인간의 행위를 가능케 하는 동력은 이기주의와 악이며 일시적으로 선할 때도 있지만 그건 순간일 뿐 인간은 맹수다.

이런 염세적 견해를 지닌 그였기에 운명적으로 허무 종교인 불교를 만난 것일까. 그를 연구하는 이들이 쇼펜하우어의 철학이 놀라울 정도로 불교를 닮았다고 한다. 그를 불교의 해설자라고도 하는 모양이다. 그의 사상은 정신분석학과 실존주의 철학에 결정적 영향을 주었고 소위 포스트모더니즘의 선구자라로 평가되기도 한다.

의지와 비합리성의 사람인 그가 해체를 모토로 하는 포스트모더니즘(postmodernism)의 길을 연 것은 필연일 것이다. 포스트모던의 사유 구조가 불교의 연기론적(緣起論)과 유사한 패턴일 수 있다. 그래서 포스트모던 계열의 사람들이 불교에 탐닉한다고 들린다. 쇼펜하우어는 그런 점에서 포스트모던과 서구 불교학의 선구자로 알려진다. 그는 불교를 최고의 종교로 여겼고 불교가 자신의 명제들을 확립하는데 중요했다고 밝힌다. 그에게서 세계는 고통으로 가득 찬 대상이다.

그럼 불교나 쇼펜하우어에게서 이 고통을 벗어날 방법은 무엇일까. 그것은 바로 〈나(我)〉라는 개체성의 환상에서 벗어나는 것이다. 자신의 부정은 곧 개체화의 원리를 부정하는 것이고 그것은 또한 마야(Maya, 幻)의 베일, 말하자면 우주적 환상의 장막을 걷어 내는 것이다.

이처럼 나와 세계가 표상일 뿐이고 그 배후에 의지가 도사리고 있으며 이 의지란 살아남으려는 생존 본능이고 이러한 삶의 의지는 고통을 유발한다고 보기 때문에 이 고통에서 벗어나려면 의지를 완전히 부정해야 된다는 논리다.

물론 불교나 쇼펜하우어를 간단하게 말할 수는 없지만 크게 이 범주를 벗어나지 않을 것이다.

자! 그럼 불교나 쇼펜하우어가 말하듯 우리의 의지를 죽여 〈나〉라는 개체성을 말살시키고 개인의 완전한 무화(無化)가 가능한 것이며 이런 전제가 과연 현실성과 타당성을 담보하는가 물어야 한다.

필자의 생각은 전제와 결론 모두가 잘못 됐고 실현성도 없으며 결국 되지도 않을 공허한 것에 에너지를 소모하다가 허무로 끝나거나 비극을 초래할 학설들이란 결론이다.

어떻게 인간이 개체성을 부인하며 자기를 무화(無化)시킨단 말인가. 이것은 생업 포기하고 들어앉아 염불이나 외고 고투하다가 일생을 마치라는 얘기거나 또는 생을 포기하고 죽어버리라는 극단론에 빠지게 되는 허무론일 수밖에 없다.

우리는 평생 살면서도 이렇게 자신을 무화시키고 해탈이나 대각이니 그런 것 했다는 사람을 만나 볼 수가 없다. 그런 주장하고 다니는 자라면 사이비 교주거나 사기꾼일 것이다.

인간은 자력으로 완전해 질 수 없는 유한자다. 신의 은총 없인 절망일 뿐인 한계 상황에 묶인 실존이다. 자력으로 완전하거나 해탈? 대광명? 안 되는 것이다.

쇼펜하우어의 말대로 인간 실존의 제일 원리는 살고자 하는 의지다. 자기 생명 보존의 욕구가 정신의 본질이다. 이걸 제거하라니 말이 되는가. 죽어야만 의지가 없어지든지 다른 차원으로 가든지 할망정 사는 동안은 못한다.

쇼펜하우어가 불교에 경도된 것은 어쩌면 사유의 유사점이 원인일 수 있으나 잘못된 선택이었다. 세계는 의지와 표상으로 된 게 아니고 절대자 존자이신 신(神)의 창작물이다.

기독교인 시각에서 볼 때 이런 불교나 쇼펜하우어식 또는 포스트모던의 허무성, 편린적 해체, 염세적 비관주의는 영혼이 창조주를 만나지 못한 고통의 결과물일 뿐이다.

자아를 부정한다? 무화시킨다? 우주적 환영의 장막을 거둬낸다?

어림없는 얘기고 실체가 없는 것에 포로된 의식이다. 결론은 허무요. 탄식일 뿐이다. 고행과 수도로 자기를 해체시키고 대광명에 이른다? 모두 불가능한 썰로 여러 사람 고생시키는 허무 아티클일 것이다.

김형석 선생님의 평범성

　김형석 선생님은 우리 사회 1% 행복자이신 지성이시고 장수, 명예, 부귀 모두를 소유하신 문화권력 명사에 속한다. 누구도 쉽게 누리지 못할 102세 현역의 대표 아이콘이시다. 그 유명한 '고독이라는 병'에서부터 선생님의 저작들은 우리 시대의 애독서였다.
　필자는 청소년기 종로에서 강연을 마치고 나오는 선생님을 종로길 모퉁이에 모셔 놓고 치열한 질문을 드린바 있었다. 아마 인간과 세계의 본질에 관한 집요한 질문 공세였을 것이다. 당시는 그런 형이상학적 질문이 관심사의 전부였으니까! 빙그레 웃으시면서 친절하게 답하셨던 모습이 선하다.
　선생님은 철학자이시고 기독교 영역에 계신 선생님이시다. 철학은 존재세계의 본질에 대한 답을 모색하는 학문이다. 또 기독교 신앙에는 이에 대한 답이 제시되어 있다.
　철학자이시고 기독교적 영역에 몸담고 계시면서 102세라는 장수자이시고 현역으로 활발하게 지적 활동을 하신다면 시대의 스승으로 탁월한 메시지를 남기실 법하다. 또 국민 멘토 레벨이시니까 존재세계와 삶의 가치와 목적, 의미에 대해 심도 있는 메시지를 주실 위치이시다. 하지만 선생님의 메시지를 보면 그 평범성에 약간의 실망을 느낀다. 선생님에 대한 우리의 기대치가 과도한 탓일까? 지난 3월 6일자 〈조선일보〉 칼럼에 선생님은 "당신은 성공했습니까"라는 칼럼을 내셨다. 여기서 선생님이 제시한 성공의 척도는 평범 그 자체였다.

"누가 참 성공한 사람인가. 인생 전체를 최선을 다한 사람이다…. '당신은 성공했습니까?'라고 물으면 미소를 지으면서 '예, 나는 주어진 모든 일에 최선을 다했습니다'라고 대답할 것이다." 하셨다. 칼럼의 요지는 주어진 일에 최선을 다하는 게 성공한 일생이고 특히 더 많은 사람에게 행복과 성공을 베푼 사람이 성공한 사람의 모델이란 내용이다.

틀린 말은 아니다. 자기에게 주어진 현실에 최선을 다해 살고 남에게도 그런 덕을 베풀었다면 성공한 삶의 한 모델일 것이다. 그러나 이것은 극히 평범한, 어디에나 널려있는 상식에 속하는 교훈일 뿐이다. 고명하신 철학자에게 구할 답은 아니다.

인간 존재의 목적이 주어진 현실에 최선을 다하는 것인가? 그것 하려고 세상에 왔나? 그것은 하위 가치일 뿐이고 사회적 존재에게 주어진 윤리적 당위나 의무에 속하는 범주다.

인간은 존재의 궁극적 가치와 의미를 찾는 존재다. 존재세계의 발생과 과정 궁극적 가치와 역사 전개의 오메가 포인트는 무엇인지에 대한 존재론적 질문을 품고 사는 주체다. 자신이 왜 존재하게 됐으며 이 현실 세계는 어떻게 발생된 거며 세계의 궁극적 원인자는 누구이며 무엇인지를 질문하는 존재다.

필자는 이에 대한 답을 구하고 얻은 자가 성공한 일생이라고 생각해 본다. 이성적 존재자인 인간이 자신과 세계에 대한 궁극적 질문에 답을 얻지 못한 채 이웃에 덕을 행하고 주어진 일에 충실하는 등은 본질을 뒤로 숨기고 현상에 급급하라는 얘기다.

참 성공은 존재세계의 제일원인자, 즉 세계 발생의 근원적 주체를 만나는 것이고 그 질서에 자신을 맡기는 일이다. 인간은 그야말로 **빵**만으로 살 수 없는 자 아닌가!

이성적 존재자라면 자신과 세계에 대한 존재론적 질문에 어떤 형태로든 답을 모색해야 한다. 이것은 운명이다. 인간은 동물일 수만은 없는 숙명을 지닌 실존이다. 인간이야말로 자신과 존재세계의 근원을 찾아가라고 내던져진 자 아닌가? 물론 모든 사람이 구도자적으로 살 수는 없을 것이다. 그러나 사회의 지성적 리더는 이런 궁극적 물음에 답을 주어야 멘토다운 매너다.

선생님은 기독교 관련 책도 자주 내시지만 그 책을 대할 때마다 그 평범성에 조금은 낙심케 된다. 기독교회 신앙의 궁극적 가치인 영혼의 구원에 토대한 복음과는 거리가 있어 보이는데다가 성경적 도그마에서 비켜가 버린 인상이다.

그렇게 되면 그야말로 현실세계에서 윤리적 당위에나 목적을 둔 평범성에 머물게 된다. 인간과 존재세계는 신비에 쌓여 있다. 상식적 교훈과 모랄리티 가지고는 그 신비의 근처에도 못 가보고 허덕이다 생을 마감하게 된다. 선생님은 존경받으실 부분이 많다. 하지만 유한성에 갇힌 인간의 한계일까 선생님의 메시지가 주는 평범성에는 약간의 회의를 갖게 된다. 아마 이것도 고명하신 선생님께 거는 기대가 큰 탓일 것이다.

이러므로 내가 해 아래서 한 모든 수고에 대하여 내가 내 마음에 실망하였도다. So my heart began to despair over all my toilsome labor under the sun. [전 2:20]

4·7선거의 숨은 공로자

서울·부산시장 선거에서 우파가 압승하게 만든 제일 원인은 그 동기를 제공한 에로스 에너지, 더 구체적으로는 리비도(Libido)의 힘이었다. 박원순, 오거돈을 누가 퇴진시켰나? 우파가? 언론이? 아니다! 우파나 언론이 아무리 떠들어도 꿈쩍도 안 할 세력들이었다. 좌파들의 진은 매우 견고하다.

그런데 그 견고한 진, 여간해서는 요지부동인 좌파시장들을 리비도가 간단히 해치웠다. 그 위력이 놀랍지 않은가? 피 한 방울 흘리지 않고 누가 피켓 들고 "물러가라" 소리치지도 않았는데 그들은 리비도의 힘 앞에 그냥 쓰러졌다 그 파워가 대단하지 않은가? 심지어 한 사람은 목숨을 잃기도 했다.

리비도가 여직원들 통해 박원순 오거돈의 리비도 본능을 자극하더니 드디어 저들이 팽 당했다. 리비도가 아니면 누가 무슨 힘으로 그들을 끌어내릴 것인가. 리비도 귀신의 힘은 광화문서 3년간 외친 것보다 더 막강했다.

유명인사들 중 나라의 적화 위기를 보면서도 꿀 먹은 벙어리일 뿐 아니라 종북세력과 쏙닥거리며 뭐 알량한 생명공동체니 상생이니 떠드는 인간들 중엔 북에 가서 미인계 리비도 주사를 맞아서 그럴 수도 있을 것이다. 그것 맞아 버리면 북괴와 주사파에 충성케 돼 있다.

동서고금에 이 리비도의 위력은 대단했다. 대선후보라며 잘 나가던 안희정도 리비도 귀신이 휘저으니까 그냥 나가 떨어졌지 않은가.

이번 4·7보선에서 우파가 압승했다며 뭐 김종인 같은 사람이 잘해서 그렇다느니 안철수 덕이라느니 그럴 필요 없다. 김종인, 안철수가 박원순, 오거돈 끌어내리는데 1%도 보탠 것 없다.

무슨 국민의힘 당이 잘해서 그렇다는 말은 더욱 입 밖에 내놓을 건더기가 못된다. 그 당이야말로 목숨연명 급급당에 불과한데 무슨 한 일이 있었나. 그저 김종인의 얼 빼기 작업에 동원돼 굽신댄 것뿐 아니었나?

그 당이 고맙다고 제사지내야할 대상이야말로 리비도 귀신 아닌가? 리비도 덕에 거대 두 도시 먹었으니까. 총 한 방 안 쏘고 별 비용든 것도 없이 두 시장을 끌어내리고 그 중 한 사람을 사망시키기까지 한 그 위력을 어떻게 무시한단 말인가.

공산주의 좌파는 이 리비도 귀신에 홀린 자들이다. 리비도 귀신과 결탁, 뭐 혁명동지 만드네 뭐네 하면서 음란 방탕이 소돔과 고모라를 방불케 한다. 이들은 혁명을 위한 답시며 여성, 가정을 파괴시키려 든다. 정신적 흉악범들이 따로 없다. 이들이 리비도 가지고 놀다가 된통 그 귀신에게 당한 게 이번 선거 결과다. 그래서 이번 선거의 숨은 공로자야말로 리비도 귀신인 것이다.

국민의힘인지 하는 당이야말로,

"리비도여! 고맙소. 어찌 그리도 용하시나이까!"

외치며 그 귀신에 큰 제사 한판 올려야 하지 않을까?

100세 현역의 신인류 시대

세상이 어떻게 될지는 모르지만 100세 현역으로 왕성하게 일하는 신문명이 전개되고 있다. 지난 4월 6일 〈조선일보〉의 칼럼에 한소원 서울대 심리학과 교수의 글이 있었다. 그는 이 칼럼에서 사람들이 나이가 들면 쇠퇴할 뿐이고 뇌는 어릴 때 형성되면 변하지 않는다고 생각하는데 이는 낡은 이론이라고 했다.

뇌세포와 뇌 부위가 유동적으로 변하는 것을 〈뇌가소성(Neuroplasticity)〉이라고 하는데 기존에는 뇌세포가 성장을 다하면 그대로 안정된다고 여겼으나 최근 연구들을 통해 학습이나 환경에 따라 뇌세포는 계속 성장이나 쇠퇴한다고 알려진다. 나이가 들어도 신체적 운동과 여러 다양한 지식과 경험들은 뇌를 발달시키고 인지 기능을 향상시킨다는 연구 결과가 많이 나온다고 한다.

나이 든다고 머리가 굳어지는 게 아니다. 뇌는 보완하고 적응한다. 한교수는 새로운 경험과 지식을 받아들이고 두뇌를 쓰는 사람들이 뇌의 노화를 막는다고 말하면서 70대 시니어들에게 5년 후 계획까지 세우면서 활발하게 뛸 것을 조언한다.

지난 3월 말쯤에 김철중 의학전문 기자가 〈조선일보〉에 "수녀들의 치매 예방법"이란 글을 기고했다. 대표적 수녀 연구가인 미네소타 대학의 스노던 박사의 연구를 소개한다. 수녀는 음주 흡연을 안 하고 절제된 생활로 균일화된 집단이라 쌍둥이 다음으로 비교 연구의 좋은 모델이라고 한다.

스노던 박사가 수녀 집단의 써낸 수필과 일기장 등 여러 자료를 통해 연구해낸 결과는 사용한 단어 수와 어휘력이 풍부한 수녀일수록 치매에 적게 걸리고 정신기능이 좋았다고 한다. 글의 어휘수가 풍부할수록 좋은 정신을 유지했고 부족한 수녀의 80%는 치매에 걸렸다고 한다. 글의 어휘가 풍성한 수녀는 겨우 10%만 걸렸었고!

아울러 운동을 열심히 하고 머리를 쓰고 공부를 많이 하거나 남아 있는 치아의 수가 많고 적정 체중일수록 치매에 걸리는 비율이 낮았다고 한다.

스노던 박사 연구팀은 비관적이고 소극적이며 암울한 내용보다. 희망이나 낙관적 단어를 많이 사용하고 어휘력이 높은 사람일수록 장수하고 치매도 적게 걸린다고 결론 맺었다고 한다.

시니어들의 마음에 난 이제 다 살았어. 조용히 정리하고 가야지. 다 접고 내려놓고 조용히 인생 마무리 할 거야. 하는 순간부터 뇌세포들은 그렇게 작동하고 치매와 죽음을 앞당기게 마련일 것이다.

결국 모든 연구는 육체 운동과 더불어 두뇌, 즉 머리를 쓰는 운동을 많이 하고 밝은 미래를 구상해 적극적으로 움직여야 건강한 몸과 정신력 지닌다는 얘기다. 특히 고립적이고 폐쇄적이며 소극적으로 대인관계 없고 친구도 없이 소통 부재면 이 또한 문제일 것이다.

하나님은 심은 대로 거두게 하시고 행한 대로 갚으신다.
우리 마음에 무엇을 심고 생각하며 행동하느냐에 따라 거기에 상응해 보상하시는 원리를 자연에 부여하셨다.

신인류 100세 현역시대다
더 밝은 미래를 구상하며
주사파 광신도로부터 나라 살리는 애국운동과
교회 신앙으로 천국영생을 소망하고
활발하게 소통하며
영혼 육체 모두 건강한 시니어야말로
원더풀일 것이다.

기독교인의 자살률이 높다는 설에 대해

에밀 뒤르케임(Emile Durkheim 1858~1917)은 파리대학 교수였고 사회학자로 유명한데 특히 그의 『자살론(Suicide : A Study in Sociology)』은 이 분야의 고전으로 통한다.

그의 자살 연구에서 눈길을 끄는 것은 기독교인이 타 종교인들보다 월등히 자살률이 높다는 주장이다. 그는 이를 뒷받침 할 연구 데이터를 제시하고 있다. 기독교나 천주교 할 것 없이 모두 자살을 범죄로 여기고 금하고 있는데 유독 가톨릭보다 기독교도가 훨씬 높게 나타난다는 주장에는 갸우뚱할 수밖에 없다.

천주교인들은 믿는 둥 마는 둥 모호한 태도들인데 반해 기독교인들은 성경 그대로 잘 믿으려하고 열심이지 않는가. 당연히 뒤르케임의 연구에 의심을 가질만하다. 하지만 뒤르케임은 시종일관 데이터를 제시하며 기독교인들의 자살률 1위 설을 고집한다.

그럼 뒤르케임은 그 원인을 뭐라고 설명하는가?

첫째는 기독교의 개인주의 신앙, 즉 신앙에서 개인의 자유가 타종교보다 더 보장됐기 때문이라고 한다. 영국은 기독교 국가라고 하지만 성공회가 권위적이며 계급제도여서 일반 기독교와 개인자유 면에서 다르고 통합적이기 때문에 기독교 국가 중에는 자살률이 낮다.

또 통합적이지 않고 공통된 신조를 모두 함께 권위로 공유하는 게 아니고 교파마다 다르고 강조점도 교회마다 다르고 하기 때문에 권위적 통합체제가 아닌 결과 개인이 위기에 처했을 때 권위적으로 판단될 소지가 약해 자살도 자기 주관적 선택 의지로 결행할 수 있다는 논리다.

물론 기독교회도 교회의 징벌 규준도 있지만 자기 교회서 징벌 받을 경우도 딴 교회로 가거나 셀프 신앙하려 하기 때문에 권위와 복종 체계가 미흡해져 위기에 처한 경우 자살을 범죄로 규정할 권위적 파워가 없거나 약해 예방 효과를 내지 못한다는 뜻이다.

기독교는 온 세계교회가 함께하는 통합적 권위의 신조가 없고 교파마다 제각각 강조점이 다르고 개인의 자유가 보장된 여건이다 보니 삶의 위기에서 자살마저 셀프의 여지가 타종교에 비해 높다는 얘기다.

성경에 대한 자유로운 탐구는 자유로운 해석을 낳게 되고 이 교회가 마음에 안 들면 다른 교회로 가는 등의 권위 부재의 자유로움이 결국 자살을 예방하는 데 미력하다는 게 뒤르케임의 주장이다.

주로 천주교, 성공회, 정교회 등을 메인으로 기독교와 비교 연구한 것이다. 이 모든 파트들 중 기독교가 제일 자살률이 높다는 것이고 그 이유는 권위와 통합성의 부재, 개인 자유를 원인으로 제시하고 있다. 다 신뢰하기는 어렵다 해도 참고할 부분은 있어 보인다.

교회를 잘 섬김으로 은혜와 성령 충만한 성도에게는 해당되지 않는 참고용 학설일 뿐이다. 천주교, 성공회, 정교회들이 아무리 거대한 구조와 권위를 갖고 있어도(자살 예방엔 좀 도움일까 모르지만) 성경적일 수 없다. 성경 그대로를 믿는 참된 교회의 성도들은 교회를 잘 섬기며 자살을 지옥행 카드로 여긴다. 신실한 성경신자들을 표본으로 하면 자살률은 제로일 것이다.

  실로 이 백성은 풀이로다
  풀은 마르고 꽃은 시드나
  하나님의 말씀은 영원하다 하라 [사 40]

칸트에게서 위로를 얻다

비판철학으로 유명한 임마누엘 칸트(Kant, 1724~1804)는 키가 157센티였다고 한다. 니체가 173센티 마르크스가 175센티 프로이트가 172센티 샤르트르가 153센티로 알려지는데(위키백과) 칸트가 샤르트르보다는 4센티 크지만 역시 작은 키에 속한다. 물론 당시 유럽도 그렇게 큰 키들은 아니었을 테지만 어떻든 160이 안 되는 키는 왜소한 편에 속한다. 신장이 거구가 아니어서 콤플렉스를 가지고 있다면 칸트에게서 위로를 얻을 수 있지 않을까.

하긴 역사상 단구인 사람들이 정신적 거인인 경우 여럿 있었기에 신경 쓸 일은 아니지만 요즘 하도 잘 먹은 세대들이 키가 늘어나다 보니까 6,70년대 그 어려운 시기에 못 먹고 고생하던 세대들이 위축될 수 있다. 160이 안 되는 시니어들도 157의 칸트를 보고 다소 위로가 될까?

요즘 해외여행을 많이 다녀서 지구촌이 한마을처럼 됐지만 옛날 고생하던 세대들은 해외에 다녀오는 일이 쉽지 않았다. 외국서 공부하는 건 더욱 어려운 시대였다. 외국서 여러 문물을 접하고 견문을 넓힐 기회를 갖지 않았던 세대들을 칸트가 위로 해준다. 그는 자기의 고향인 쾨니히스베르크(현재의 레닌그라드)를 떠나 본 적이 없기로 유명하다.

해외여행 외국 견문 넓히기 사방에 다니며 채집하기 여행을 즐기며 각지에 돌아다니기를 해 본 적이 없는 요즘말로 방안퉁수요 제한된 범위만을 돌며 사색했던 철인이었다. 그는 또 아름다운 여인을 아내로 맞아 가정의 행복을 누릴 기회도 없었던 일생 독신이었다. 재색을 겸비한 백작부인이 칸트에게 각별한 존경과 애정을 보냈었고 칸트 자신도 결혼을 생각한 적이 있었지만 그는 결혼에 대해,

"생식기의 상호적 사용을 두 사람이 동의한 것"이라고 규정한 채 일생을 독신으로 살았다.

물론 칸트는 여자를 좋아했고 돈을 귀하게 여겼으며 당구를 즐기기도 했다. 처음에 어느 여자에게 구혼했었으나 너무 오랫동안 끄는 사이에 여자가 딴 남자에게 가버렸다고 한다. 두 번째도 어느 여자에게 구혼하려는데 여자가 쾨니히스베르크를 떠나버리는 바람에 실패했다고 알려진다(위키백과).

인류의 지성사를 논하려면 그의 철학에 동의하든 비판 안티하든 간에 157센티의 평생 독신이었고 고향 밖으로 나가보지 못한 이 거인을 그냥 무시하고 넘기진 못할 것이다.

인간은 항상 자기를 남과 비교하면서 우월감을 갖거나 열등감으로 마음고생한다. 사람마다 장단점과 특수 사정들이 있다. 칸트가 자기의 철학으로 위로를 삼았다면 우리 각자도 우주만상 가운데 나라는 개체에게만 주어진 특별한 은혜와 혹은 역경 고난들을(남과 비교함 없이) 신앙으로 승화시켜 나가면 그 속에서 삶의 가치와 의미를 향유할 수 있지 않을까 여겨본다.

70억 인구 중 나와 똑같은 사람은 없다. 하나밖에 없는 나를 지으신 분이 나를 향한 고유의 섭리가 있을 것이기에!

유시민의 연역주의

촉새라고 이름 붙은 유시민이 정치관련 썰 안하겠다며 한동안 조용한 듯 하더니 선거철이라 그런지 다시 튀어나와 이재명 도우미하는 모양이다. 그가 TV에 나와 뱉은 말이 자막에 스쳐 가는데 보니까.

"진보세력은 원래 연역적인 사고를 하는데 이재명은 귀납적인 면도 있어 개별 문제들에 대해 시원시원하게 대응하고 처리한다"라는 요지로 말했다. 여기서,

"진보세력(진보진영)은 연역적이고 귀납적이지 않다"라고 한 부분을 보면 진보란 자들의 정신적 민낯을 보게 된다. 이 '연역'과 '귀납'이란 논리학이나 논증 방식에서 다루는 좀 딱딱한 건데 유시민이 발설 중 그의 현학(衒學)으로 튀어나온 모양이다.

논증방법에서 귀납(歸納, 法 induction)이란 모든 현상을 경험적으로 조사하며 개개의 현상들로부터 일반적 결론을 끄집어내는 절차를 말한다.

반면 연역적 방법(演繹的方法, deduction)은 어떤 명제로부터 그것을 전제로 하여 경험에 의하지 않고 오로지 논리적인 규칙에 의거하여 결론을 끄집어내는 사고과정을 말한다. 그러니까 귀납법이 개별자나 개체를 중심하고 개개의 특성들에서 공통의 명제를 만들어 가는 과정인데 비해 연역적 방식은 하나의 명제나 전제

를 가지고 개체나 개별자들을 그 명제 아래 통일시켜 나가는 절차인 것이다.

　여기서 유시민이 "진보는 원래 연역적이다" 한 멘트를 음미해 본다면 진보란 미명으로 모인 집단은 귀납이 아닌 연역으로 움직이는 군상들이란 얘기다.

　말하자면 수령이나 리더가 명하면 그대로 따르는 일종의 군대와 같은 집단임을 토로한 것이다. 그래서 그들은 '자유'란 걸 싫어한다. 그 자유란 부르주아가 인민을 착취하는 오락이요 사치란 정도의 감정이다. 그래서 자유민주주의의 '자유' 자를 없애고 인민민주주의 하고픈 열망을 자주 노출한다. 자유가 주어지면 귀납이 강조되기 때문에 연역이 안 된다. 즉 상명하복이나 명령체계가 잡히지 않는다. 유시민이 우연히 발설한 거지만 여기서 진보랍시며 나대는 좌파들의 사고 구조를 확인하게 된다.

　공산주의나 주체교에서 귀납이란 없다. 오로지 연역뿐이다. 위에서 명령하면 그냥 복종인 것뿐이다. 그래서 주사파 운동권들은 수시로 김일성 사진 걸어 놓고 충성맹세하며 대학생활을 허송한 무리들이다. 이 연역적 사고훈련이 마침내 종교적 광신으로 점프된 게 주사파 운동권인 것이다. 유시민의 이 말은 우리 좌빨들은 일사불란하게 움직인다. 귀납이니 자유니 개체 같은 건 없다. 우리는 수령의 기치 안에 일사불란 움직인다라는 고백을 함의(含意)한 셈이다.

　그렇다! 이런 연역적 사고 집단이 귀납적 자유 대한을 삼킨 현실이다. 박근혜가 정치는 잘 못해 저토록 억울하게 당하고 있지만 한마디 똑 부러진 명언은 남겼다.

"북한에는 한 사람의 최고 존엄이 있지만 남한에는 오천만의 최고 존엄이 있다."

멋진 말이다.

연역적 사고를 한다는 저 진보란 미명의 좌빨들, 그 중에도 주사파 광신도 집단은 아예 귀납적 사고를 모른다. 사이비 최고 존엄이란 주군이 시키는 대로 기는 졸개들인 것이다.

김여정이 한마디 하니까 바로 국회 열어 대북풍선금지법 만드는 인간들이 어찌 대한민국 국회의원이냐 말이다. 그저 명령에 따라 움직이는 군상들 아닌가. 그것도 주적을 주군으로 삼고 말이다. 이게 바로 이상한 주군의 명을 따라 움직이는 연역적 집단 아닌가?

유시민 솔직하구나!

"우리 진보란 인간들은 주군의 명에 따라 일사불란 움직이는 집단이요."

이렇게 속내를 털어놓았으니 은연중 민낯 본색을 노출한 독백이었을까?

진중권의 기회이성(機會理性)론

　평론가인지 뭔지 좌우 아무데나 돌아다니며 발설을 일삼는 진중권이 이재명을 비판하면서 원칙이성과 기회이성이란 말을 하고 다니는 모양이다 이성에 대한 여러 말들이 있지만 '원칙이성' '기회이성'이란 말은 흔치 않은 말인 것 같다. 그는 원칙이성을 Grundstatzvernunft로 기회이성을 Gelegnheitsvernunft로 표기하며 원칙이성은 윤석열, 기회이성은 이재명이란 썰을 토하고 있다.

　원칙이성이 자신의 신념이나 주장을 일관되게 견지하는가 하면 기회이성은 환경과 형편에 따라 신뢰할 수 없는 변덕을 구사한다는 설명이다. 과연 진중권의 말대로 윤석열은 원칙이성이고 이재명은 기회이성일까?

　이런 구분도 쓸데없는 것이지만 이재명에 대한 진중권의 관찰이 피상적이란 인상을 지울 수 없다. 이재명이 아무 데나 가서 그 정황에 맞는 대로 마구 발설하는 것 보고 기회이성이라는 건 오해이거나 아마추어리즘이다. 이재명은 기회이성, 즉 진중권 씨 말대로 카멜레온처럼 변신하는 사람이거나 기회를 봐가며 아무 말이나 해대는 인간 아니다. 그가 마구 던지는 말들은 단지 전략상 쇼를 하는 거고 그는 붉디붉은 인간이다. 좌빨 중 라디칼(radical)일 것이다. 그가 차라리 진중권의 말대로 기회주의적

출세나 노린다면 덜 걱정이겠다. 그렇다면 붉은 사고는 안 칠 것이기에 말이다. 하지만 그를 경기동부연합 이석기 패라고 하며 시진핑과 북괴가 밀고 있는 인간이라고 하지 않는가. 속에 무서운 적화음모를 품고 있을지 누가 아는가.

그는 운동권 대부 이해학과 절실한 사이며 전두환의 초상을 짓밟고도 그 발로 경상도 가서는 딴소리 하는 **뻔뻔한** 독종이며 혁명전략을 따라 아무 짓이나 해 댈 잔인맨 이미지다. 원래 좌빨들은 대중선동과 거짓루머 잡아떼기 마타도어 변신 같은 게 모두 혁명 전략으로 교육된 멘탈들이다.

이런 혁명광들이 상황에 따라 전략적 변신을 하고 선동하며 돌아다니는 것을 기회이성이라는 등 개인의 성격이나 자질문제로 축소하는 건 진중(신중)치 못하거나 표피만을 본 평가일 것이다.

진중권도 붉은 정의당 소속이었으니까. 좌파 논리와 전략을 익히 숙지했을 것 아닌가. 그 사정을 잘 아는 그가 이재명의 행태를 단순 자질이나 성향문제로 색깔 칠하는 건 의도가 담긴 것 아닐까. 윤석열을 돕고 이재명을 까는 척 하면서 이재명의 악담들을 성격 문제로 덮는 잔머리일까. 아니면 진짜 이재명을 기회주의자로 여겨 그러는 것일까 의문이다.

익히 알려진 대로 이재명은 문재인보다 더하면 더했지 덜하지 않은 모진 자이고 악독한 자이며 진빨일 것이고 중공과 북괴를 뒷배로 장착한 괴력(怪力)이다. 이런 자의 성격을 논하면서 기회나 엿보는 소박 인간으로 페인팅하는 진중권이야말로 의도적 발설이거나 뭘 제대로 모르면서 나대고 있거나 둘 중 하나 아닐까 싶다.

후보가 넘어지고 대표는 부상당한 시그널

스위스의 언어학자인 소쉬르(Saussure, 1857~1913)는 기표(記票, signifiant 시니피앙)와 기의(記意, signifie 시니피에)가 합해져 기호(記號, sign)가 만들어진다고 했다. 기표(記票)는 문자나 음성 표상된 것 사태 자체 등인데 비해 기의(記意)는 의미되고 있는 것 즉, 개념이나 해석된 지식이다. 기표 자체가 기의와 일치하는 것은 아니다. 왜냐면 기의는 기표를 해석하고 의미 부여하는 주관의 몫이기 때문이다.

그래서 우리는 어떤 기표가 있으면 거기서 기의를 찾고 그것을 기호화(記號化) 한다. 기호(記號)에는 기의가 들어간 해석이 포함된다. 기표 자체는 큰 의미가 없다. 그 기표가 갖는 의미가 중요한데 그 의미 부여가 기의인 것이고 그 기의(記意)를 만드는 것은 주관이다. 그래서 기표와 기의의 관계는 자의적이다.

그런 전제를 가지고 최근의 민주당 송대표와 이후보의 행태에서 두 개의 기표를 기의해 본다. 물론 주관적이고 스쳐가는 소감 정도일 뿐이다. 우리는 누가 부상당했다거나 시련당한 것을 나무라거나 함부로 회자(膾炙, 사람들 입에 오르내림)해선 안 된다. 우리 모두가 약자요 몸을 지탱하는데 무기력한 존재들일 수 있기 때문이다.

그럼에도 사회의 리더들이나 공동체에 영향을 주는 아이콘들의 행태(行態)가 갖는 기표와 기의를 기호화해 볼 필요가 생기는 것은 그들이 공적 인물들이어서 그렇지 무슨 사적 감정 같은 것 때문은 아니다.

민주당 송영길 대표는 지금 휠체어를 타고 다닌다. 그는 지난 12월 8일 원경스님 조문을 마치고 나오는 길에 발목을 겹질려 수술을 받았다고 한다. 원경스님은 남노당 수괴인 박헌영의 아들로 박원순, 임헌영, 강만길, 리영희 등과 함께 역사문제연구소를 만들고 아버지 박헌영 관련 서적을 9권 펴낸 인물로 한국 근현대사 연구를 좌편향 시키는데 기여한 인물이다. 물론 인간적으로는 고난스런 일생을 산 사람이다.

한편 이재명 후보는 지난 12월 10일 조상들에게 대통령 출마를 알린다고 경주의 표암재라는 곳을 방문해 붉은 관복을 입고 머리에 금색관을 쓰고 조상들에게 절을 하다 중심을 잃고 뒤로 넘어져 버렸다고 한다. 이 일을 두고 어떤 유투버는 조상들이 노해서 그를 넘어뜨렸다고 덕담하기도 했다.

암튼 이 두 개의 기표를 기의하고 기호해 보는 게 우스워 보이지만 이 사건들이 갖는 상징성이랄까 기호로 다가오는 건 어쩔 수 없는 일이다.

한 사람은 여당의 당 대표 또 한 사람은 여당의 대통후보다 모두 이 시대의 아이콘들이다 송대표는 좌익 수괴 박헌영의 아들 원경스님을 조문하고 나오다 발목이 겹질려 수술하고 아직도 휠체어 신세지고 있다. 대통후보인 사람은 조상에게 절하다 꽝! 뒤로 넘어졌다.

칸트의 물자체론(物自體論)에서 그 물자체(Ding an Sich)는 신의

의지는 누가 움직이는가   97

영역 즉 현상계를 존재하게 하는 근본 차원을 말한다. 그런데 그 물자체 이론에 의하면 인간의 감성(感性)이 물자체의 자극을 받아 작동한다고 한다. 그렇다면 이 두 사건도 어떤 영적 힘이 작용해 일어난 것들일까?

서양사에 기회원인론(機會原因論, occasionalism)이라는 학설이 있는데 그 핵심적 주장은 물(物)이나 심(心) 모두 서로 달리 작용하는 것일 수 없고 또 스스로 작동하는 원인일 수도 없고 오직 신(神)만이 존재세계의 참 동력이란 주장이다. 결국 생명현상을 비롯한 모든 존재들의 동력(動力)이 신(神)의 작용으로부터 나온다는 이론인데 정신의 작용이나 신체의 움직임 모두가 신(神)이 사용하는 기회일 뿐이다. 즉 모든 동력의 작용인(作用因)은 모두가 신(神)이라는 얘기다.

이런 이론들을 참고한다면 송대표의 부상과 이재명 후보의 넘어짐도 단순 물리적 현상으로만은 아닌 어떤 기표(記標)적 상징성을 내포한다 볼 수 있을 것이다. 다치고 넘어진 것을 고소하게 여기는 게 아니다. 두 분 모두 건강하셔야 한다. 다만 두 사람이 시대적 아이콘들이기 때문에 이들의 행태가 어떤 기의(記意)를 가진 기호(旗號)일까를 질문해 보는 것이다.

우리는 이번 3·9선거에서 여권이 계속 집권하면 자유 대한의 소멸을 걱정해야할 시점이다. 이재명이 된다면 그야말로 코리아의 소멸은 촉진될 것이다. 두 사람의 행태가 다가오는 선거결과를 예시(豫示)하는 기호이기를 바라는 심리에서 이 글을 쓴다는 게 솔직한 심정이다.

대표가 다치고 후보가 넘어졌듯 붉은당 세력들이 다운되고 해체됐으면 좋겠다. 두 분의 몸은 건강해야겠지만 그 당의 집권 플랜은 부상을 입고 넘어져 버렸으면 하는 마음이다.

혹시 두 사람의 기표(記標)들이 민주당 망해 먹을 시그널일까?

성경은
하나님이 허락지 않으시면
참새 한 마리도
땅에 떨어지지 않는다고
말씀하신다 [마 10:29]

포이에르바하 비판

독일의 포이에르바하(Feuerbach, 1804~1872)는 신을 인간의 제 성질 제 사념의 소외이거나 이상화이며 인간이 자기인식을 하늘에 투영한 것으로 규정하여,

"신학은 인간학이다(Die Theologi ist Anthropologie)"라고 말한 바 있다.

그는 무신론 신학의 대표급이며 헤겔과 마르크스(Marx)를 이어주는 헤겔 좌파 사람이다. 그는 죽음과 불멸성에 관해서도 책을 썼는데(『죽음과 불멸성에 관한 고찰』,1830) 이 책에서 불멸성이란 개인의 영혼이 불변함을 말하는 게 아니고 인간의 '유적본질'이 불변하는 거라 주장함으로 반종교적 성향을 보였다.

그는 1841년에 『기독교의 본질』을 써서 유명해졌다. 종교 비판가로 등극한 셈인데 여기서 그는 신이 인간을 만든 게 아니고 인간이 신을 만든다고 역설한다.

현실세계에 만족하지 못한 인간은 상상력, 소원, 이기심을 동원해 신이라는 이상적 존재를 만들어 놓고 거기서 위로를 받으려 한다는 논조였다. 결국 신이란 인간의 소원이 존재로 대상화된 것이며 환상 속에서 만족되는 인간의 행복욕에 불과하다는 얘기였다.

그는 헤겔의 '절대정신'도 일종의 합리화된 신에 불과하다고

본다. 이런 유물론적 시각이 청년 마르크스에게 깊은 영향을 줬다고 알려진다. 마르크스의 종교비판은 포이에르바하에 기초한다. 이 포이에르바하의 생각은 기독교 신앙에 함축된 존재세계의 본질과 구원의 과정을 파악하거나 경험하지 못한 이성주의자의 독백이었다. 그의 생각은 반교회적 유물론자들의 논거나 도구일 뿐, 교회신앙을 해치는 괴설이다. 이 사람의 사상적 제자가 점점 늘어난다.

교계 주요 분야에 종사하면서 선생 포이에르바하보다 더한 주장들을 생산해도 교회는 속수무책인 현실이다. 이 사람의 허설을 격파하기는커녕 모방, 변조하면서 무신론과 범신론적 혼란 속으로 유도하는 신학자 군상들이야말로 교계의 공해 요인으로 지적 결핍, 편향자들에 다를 바 없다.

문익환 목사가 김일성을 '조선의 하늘'이라고 읍소한 것도 포이에르바하식 둔갑술일 것이다. 포이에르바하에게 세뇌당하면 아무나 신일 수 있기에 말이다.

이 포이에르바하의 구상은 종교현상의 비판은 물론 유물론의 진화 단계인 범신론(모든 존재세계가 신이란 주장)과도 손잡을 위험 발상이다.

"성서는 너가 곧 로고스의 화육이라고 말하는 것이 아닌가."

"예수가 로고스(Logos)의 화육이라면 나도 원론적으로 로고스의 화육이라고 생각한다." (Logos는 '말씀'으로 번역되는 예수 그리스도의 신성을 나타내는 계시 용어)

이런 말들은 불교 중이나 도올 같은 사람이 할 말은 될지 몰라도 목사 신분으로는 못할 말일 것이다. 학문을 업으로 하는 목사라도 목사가 하는 학문은 중이나 세상 사람이 하는 것과는 다른 것 아닌가. 그런데도 신학 교수랍시는 인사가 버젓이 포이에르바하 노릇, 아니 그 이상의 괴설을 낭송한다.

〈사람이 로고스〉라는 말은 뱀이 첫 사람들을 유혹하던 내용이다. "아담, 너가 신인거야, 너가 신인데 어디 가서 신을 찾겠다는 거야, 너 안에 신성이 있어 그 것 찾아내면 돼. 사람들이 그것을 '그리스도'라거나 '부처'라고 혹은 '씨알', '참나', '아트만' 등으로 다양하게 부르는 거야! 신이 있었다면 모든 존재자들에게 자신을 줘버리고 이제는 그들 자체가 되어버린 거야 깨달으면 모두 하나가 돼요. 그리고 신이 되는 거야!"

이 달콤한 뱀의 논리에 속아서 하나님의 말씀과 교회를 잔해하는 신학 아닌 신학이 혼합적 다원주의 신학인 것이다. 정상적인 그리스도인이라면 성삼위일체이신 여호와 하나님만 창조주이시고 나머지는 모두 피조물이며 이 피조물이 죄로 인한 허무에 굴복되어 구원을 고대하는 형편인 것을 인정할 것이다.

원죄로 고통하는 인간의 비참성을 외면한 채 인위적인 일체감을 추구하다가 어둠의 영이 제공하는 조작된 해탈 경험을 하거나 대광명이나 우주의 기가 몸속으로 흘러 들어왔다는 등 비의적 현상에 몰두하다가 이성을 잃을 위험성에 개방된다. 세상적 구도 행각을 하던 신학도가 동양철학이나 뉴에이지 운동 같은 것에 접속됐다가 폐인이 되어버린 경우도 종종 나타나는 현실이다.

진성 그리스도인은 인간을 신이라고 떠들어대는 범신론(pantheism)적 이데올로기에 당하지 않는다. 기독교 신앙은 계시에 의한 것이고 인간의 종교심을 투영한 것 아니다. 계시에 대한 응답이 교회신앙이다. 포이에르바하의 독백이야말로 교회신앙의 적이며 배교적 이데올로기의 재료일 뿐이다.

　이 사람의 말과 영국의 리차드 도킨스의 〈만들어진 신〉이란 낭설 모두 구원받지 못한 영혼들의 무신론적 신음소리라 여겨 미혹 당함 없어야할 것이다. 도킨스는 포이에르바하의 진화인 현대판 포이에르바하인 것이다. 아울러 작고한 천문학자 호킹의 무신론 또한 경계 요주의 대상이다.

ICBM의 공중 폭발

비트겐슈타인(Wittgenstein, 1895~1951)은 〈언어〉를 〈세계의 그림〉이라고 하면서 언어를 분석하고 비판하며 명료화하는 것을 철학의 과제로 삼았었다.

그에 의하면 언어는 세계에 대한 그림을 그리는 것이며 언어와 세계의 구조는 동일한 대응관계를 갖는다. 그러므로 언어의 구조가 세계의 구조를 그대로 나타내는 것이 된다.

그의 일기장에는 "한 문장에는 하나의 세계가 조립되어 있다"고 적혔다고 한다. (위키백과)

비트겐슈타인의 이러한 생각이 어떤 정합성을 지닐지는 각자의 해석 몫이지만 이 세계에 일어나는 사물(事物)이나 사태(事態)들이 언어라는 그림과 함께 의미와 상징 그리고 어떤 기호(旗號)적 성격을 내포한 그림판일 수 있다. 게다가 언어와 행위 사건과 사태들은 그림으로 표상되기도 하지만 초시간적 상징성을 담지(擔智)해 다가오는 미래를 보여주는 예시(豫示)성도 담지한다.

북괴의 언어는 매우 폭력적이다. 획일적 판단을 요구하는 명령어 일색이다. 주체 종교에 대한 광신을 요구하는 언어로 충일돼 있다. 남한에는 이 희귀 집단을 추종하는 광신도들이 있다. 소위 주사파란 기생충들이다. 이 집단이 사용하는 언어와 행태는 지구촌에 없는 희귀한 그림일 것이다. 이들이 백성 굶겨 죽이면서도 미사일 쏘아댄다. 우리 새정부가 들어서는 때마다 길들이려거나 겁주려고 미사일을 날려댄다.

이번에도 윤석열 정부 겁주기 용이었겠지 ICBM으로 추정되는 미사일을 쏘아댔다가 공중 폭발했다고 한다. 다시 쏘아 대겠지만 이번 공중폭발이 그 수령독재의 몰락을 알리는 기호(旗號)였으면 좋겠다.

윤석열 집권기에 수령독재가 공중 폭발해 버리고 그것을 추종하는 남쪽의 주사파 정신지체아들도 공중분해 된다면 좋은 그림판일 것이다. 저 지긋지긋한 민노총 전교조 같은 주사파 아류들이 공중분해 되는 날이야말로 자유 대한 축제일이 아닐까?

더불어민주당의 대표가 부상하고 후보가 조상에게 절하다 자빠져 넘어지더니 그들이 재집권에 실패했다. 이번 발사체 폭발이 북괴와 그 추종세력들 폭망의 신호탄이기를!

윤석열 집권 중
지하의 비트겐슈타인조차 일어나
"북괴가 망했군. 오! 멋있는 그림이야!
내가 언어는 세계의 그림이라 그랬지
개내들 악한 짓만 그리더니 역시 그림대로 된 거야!"
그런 날 오기를!

용불용설은 유효한가?

라마르크(Lamarck,1774~1829)의 〈용불용설(用不用, use and disuse)〉은 〈자주 사용하는 기관은 발전하고 안 쓰는 기관은 퇴화한다〉는 이론인데 이 설이 찰스다윈의 진화론과 DNA및 유전자가 발견되면서 역사에서 잊힌 듯 했었다.

그러다가 요즘 〈후성유전자학(Epigenetics)〉의 발달로 다시 주목받고 있다고 한다. 이 후성유전자학이란 한 세대의 특정한 형질이 대를 이어 유전이 가능해진다는 이론인데, 이 주장이 획득한 형질이 대를 이어 유전된다는 라마르크의 주장과 비슷하다고 해 그 〈용불용설〉이 다시 주목된다고 알려진다. 용불용설이 유효한가는 우리가 실생활에서 경험 가능할 것이다. 새 기계도 안 쓰고 두면 녹슬고 폐품화 되게 마련이다.

아리스토텔레스(Aristoteles)는 온 우주만물이 자기가 나온 곳으로 돌아가는 운동 중이라고 했다. 자연의 정점인 인간현상도 부단한 운동을 한다. 멈출 수 없는 생명의 도약이 인생살이인 것이다.

나이 들었다고 은폐나 멈춤 또는 절망적 의식은 자연의 운동원리와 대립을 자초, 쉽게 생명력을 상실케 된다. 생명 있는 동안 주야로 움직이며 자신의 의식을 바이탈리티(Vitality)로 채워나가야 활력을 얻는다. 성경의 히스기야 왕은 사형통고를 받고 생명연장을 간구하는 기도를 통해 15년간 수명을 연장받았다. 이것은 우리의 의식과 삶의 태도가 어떻게 운명을 결정지어 가는지를 보여주는 사례다.

나이 들었다고 관계를 단절하고 은폐 축소지향하면 그쪽으로 경직화 돼 노화를 촉진시키고 두뇌기능까지 퇴화되기 마련이다. 스피노자나 쇼펜하우어 등이 세계의 본질을 의지[욕망]론으로 본 것도 참고할 필요가 있다. 인간은 세계 내 존재다. 관계 속 실존이다.

한 달여 전 기도의 여왕인 분이 소천하셨다. 그 분은 45년생인데 일평생 비혼 독신으로 사셨고 836미터의 백운대 정상에서 홀로 한밤을 세워 기도하는, 소위 철야기도를 무수히 한 기도 퀸이었다.

그 분이 한동안 소식이 없으시더니 어느 날 전화가 와서 자궁암으로 수술 받으며 사경을 헤매다가 간신히 퇴원하셨다고…. 아니! 일생 남자를 알지 못한 분이 자궁암이라니…. 용불용설을 스치게 된다.

그러고는 또 소식이 끊겨 전화마저 소멸돼 그분의 교회로 연락해봤더니 한 달여 전에 소천하셨다고 알려줬다. 그야말로 일평생을 기도로 산 여인이었고 독신으로 일생을 사셨는데…. 그 분의 영혼이야 천성에서 영광 중 주를 뵙고 있겠지만 지상에서의 삶은 용불용설을 생각하게 만든다.

인간현상을 도식적으로 설명할 수는 없지만 창조세계의 룰을 거부하는 삶은 창조하신 분의 의지를 거역하는 삶일 것이다. 인간은 자연을 초월하는 존재이면서 여전히 자연의 일부로 생존한다. 선험적이고 초월적 자아는 초자연과 영원을 추구하지만 몸으로서의 자아는 시공간의 제약 속에서 호흡하며 생명을 이어간다. 인생 후반부의 삶은 과도한 무리수도 안 되지만 그렇다고 은폐 축소 체념 안전제일주의 세계와의 단절 고립적 태도는 더욱 피해야할 매너일 것이다.

배우 이호재는 〈조선일보〉 4월 26일자 인터뷰에서 팔십대의 나이에도 이성 친구가 필요하다면서 늙어도 이성이 그립고 오히려 질투가 더 강해진다고 토로했다. 80대에 가서 용불용설을 터득한 것일까?

인생살이서 〈용불용설〉은 여전히 유효한 명제가 아닐까 하는 생각에….

제3부

식물에 뇌가 있을까?

의식의 노화

의식(consiousness)은 인간의 지식 감정 의지를 포함하는 정신적 활동의 총체인데 유물론자들은 이 의식을 물질세계의 반영이라고 말한다. 하지만 이들의 말대로라면 의식이 물질이어야 하는데 의식은 물질일 수 없다. 의식과 물질과의 관계는 관념론자들의 주장이 맞다.

관념론은 의식을 물질에서 독립된 것으로 설명한다. 그렇다! 의식은 정신의 활동 자체이며 객관 세계와 관계하고 자기 주체성을 각인해 나가는 자의식이다.

헤겔(Hegel)의 경우는 정신(Geist)에 올인한다. 정신의 활동으로서의 의식은 절대정신에게서 온 것으로 그 기원이 절대정신이다. 이 절대정신(absoluter Geist)은 기독교로 말하면 창조주 하나님이다. 헤겔에게서 모든 존재는 정신이다. 절대정신이 자기를 분여해 놓은 것들이 인간 정신들이다. 자연 또한 절대정신의 자기 전개다. 관념론의 극치라고 할 수 있다. 이 헤겔에 의하면 인간의 의식은 절대정신의 자기 전개를 대행하는 자아들이 된다.

각설하고 암튼 인간정신은 자기의식 전개가 삶인 것인데 의식은 물질 그리고 객관 세계와 관계하고 그 영향을 받으면서도 자기 고유의 독자적 사변을 구가한다. 이 객관과 독립된 자기의식이 〈선험적 자아(transcendental ego)〉인 것이고 이것은 초월적 요구까지를 담지한 자아다. 이 자기의식을 젊게 컨트롤하고 구성해 나가는 것이 의식의 노화를 막는 것이며 시니어들의 자기관리 비결이다. 의식은 초월 본능이 있다. 의식은 정신이고 정신은 영혼의 활동상을 말하는 명사다.

영혼이 절대자 하나님으로부터 왔기 때문에 초월 본능이 작동하는 것이다. 여기서 종교가 발생한다. 시니어들은 그리스도의 복음을 통해 하나님과 교제하는 것이 젊음 유지의 비결이다. 이 복음이 없이는 허무와 무의미 죽음에 대한 공포를 이겨낼 수가 없다.

또 한 가지는 자기의식을 젊게 관리해야 한다. 비관, 우울, 고립, 은폐, 소통 없음은 백 퍼센트 노화와 질병의 촉진제다. 인간의 의식은 자극과 이에 대한 반응이다. 토인비가 역사를 도전과 응전으로 설명했듯이!

노화는 의식에서 시작된다. 마음에 일어나는 것들이 의식의 시작점이다. 성경에 항상 기뻐하고 쉬지 말고 기도하며 범사에 감사하라는 말씀은 의식의 노화를 막고 젊음을 지속시키는 비결이다. 의식이 퇴화되고 질병과 노화를 촉진하는 시니어의 삶은 고통이고 비극 자체다.

한참 때 뭘 했든 과거에 집착할 필요 없다. 과거 타임 반에서 공부했던 기억인데 장관을 지냈던 소위 1% 인사인데 80대인 데도 한 번도 결석이 없다. 상당히 겸손하시다. 세상에서 베스트라는 코스만 한 사람이고 부와 명예가 가득한 분인 데도 젊은 사람과 토크하고 밥도 사면서 밝고 명랑하다.

그렇게 막힘없이 구사하시는 실력에 왜 오시냐고 하면 의식의 노화를 막고 젊음을 지켜내려고 오신다고….

　권위의식이나 무게 잡는 거 없다. 인사도 먼저하고 커피집에 가면 무조건 당신이 쏜다. 이분도 집구석에 박혀 티비나 보고 계셨으면 어떻게 되셨을까?

　아닌 게 아니라 이분은 80대로 전혀 안 보인다.

　60대 정도?

칸트가 교회 신앙에 끼친 부정적 영향

임마누엘 칸트(Immanuel Kant, 1724~1804)는 철학사상 최대의 영향을 끼친 비판철학자였다. 독일의 쾨니히스베르크에서 한 경건한 청교도의 가정에서 출생했다. 그의 인식론은 사람의 인식이 선험적 종합판단에 의해 이뤄진다고 보았다 감성(感性)과 오성(悟性) 사이에서 상상력이 작용해 종합적 인식을 만들어 낸다고 했다. 칸트의 인식론에서 코페르니쿠스적 전환이란 말이 있는데 이는 사물에 대한 견해와 가치관이 180도 전환되는 것을 의미한다. 이제까지 사람들은 모든 우리의 인식은 대상들을 따라 가는 것이라고 생각했다.

존재자나 대상은 우리 인간의 의식과 무관하게, 인간의 의식 너머에 초월적으로 존재하는 것으로 여겨져 왔다. 하지만 칸트는 이러한 주장은 근거 없다고 생각한다. 대상이 인식으로 오는 게 아니고 우리의 인식체계가 대상을 인식한다는 게 그의 주장이다. 즉 밖의 대상이 나에게 들어오는 게 아니고 나의 인식메커니즘이 대상을 그렇게 인식한다는 얘기다. 시간 공간 인식체계가 우리 속에 내재하는 것이지 외부에 있지 않다는 것이 칸트의 인식론이다.

이때 감성이란 밖의 감각 자료(앞에 놓인 것들)를 가져오는 능력이다. 감성이 감각 자료를 가져오면 구상력(構想力, 상상력)이 시간과 공간의 형식으로 감각 자료를 기억하고 다시 떠올리면서 종합해 준다. 그러니까 여러 감각 자료들을 모아서 동시에 인식하도록 해주는 게 구상력(Einbildungskraft)인데 이 구상력은 대상을 현전(現前) 없어도 마음에 표상(그려내는)하는 능력이다.

구상력이 종합한 것을 지성(知性, 悟性)이 개념을 만들어 낸다. 개념은 곧 범주(範疇, 카테고리)를 말한다. 시간과 공간이 감성적 직관의 형식인 데 반해 범주는 지성에 의한 사유의 형식이다. 수, 성질, 긍정, 부정, 실체, 속성, 원인, 결과, 필연, 우연, 양상, 관계 등으로 파악해 개념을 만들어 낸다.

칸트가 자유주의 신학에 미친 영향을 보기 위해 그의 인식론을 짧게 살펴봤는데 그의 물자체(物自體, Ding an sich) 인식불가능론이 신학에서의 상대주의와 다원주의 회의론(懷疑論)을 유발하는 계기로 쓰여진다는 점을 유념할 필요가 있다.

물자체는 사물 자체라고도 번역하는데 본체라고도 하는 경험을 초월하는 대상이며 경험에 주어지는 감각의 원천으로 신학적 의미로는 신(神)의 개념이다.

칸트는 인간 인식은 현상에 관한 것일 뿐이고 현상의 기초가 되고 근원이 되는 물자체는 알 수 없다고 하였다. 플라톤이 이데아와 가시적 세계를 나눴듯 칸트도 현상계와 물자체(叡智界, intelligible Welt)를 나눈다. 이 물자체는 초자연물이어서 경험으로는 알 수 없는 대상이며 물자체인 신(神), 자유(自由), 영혼불멸(靈魂不滅)을 생각할 수는 있으나 인식할 수는 없는 것이 된다.

이렇게 물자체를 인식 불가능한 것으로 한정하고 인식 가능한 영역을 현상에만 국한시킬 때 그의 인식론은 불가지론 혹은 주관적 관념론으로 기울면서 신학에서의 회의론을 유발하게 된다. 궁극적 신 자체는 생각할 수는 있으나 인식이 불가능한 대상이 되고 만다.

신학이란 작업은 계시(그리스도와 성경) 중심적 사고를 하는 과정이기에 이성을 계시에 복종시켜 나간다. 하지만 자유주의 신학도들은 이성주의다. 인간의 이성이 계시를 판단하고 분석하며 재구성하려 한다. 인간 중심주의고 인간이 만물의 척도라는 교만을 전제한 작업이다.

이들의 작업은 필연적으로 계시에 대한 불신과 비판이라는 결과물을 낳게 된다. 자유주의 신학자들은 우주를 통치하는 초월자로서의 하나님을 거부한다. 그들은 과학 의존적이며 실증주의적 경향이다. 보통 칸트로부터 키엘르케고오르까지 약 130년 간을 신학과 철학의 혼합시대라고 하는데 이때는 종교개혁 이후 이어져 온 전통적 신학사상을 철학이 무너뜨리는데 결정적 역할을 한 시기였다.

신학을 철학자들이 함부로 평가하면서 신학이 철학에 예속되고 이런 환경에서 현대신학의 기반이 형성되었고 19세기에 오면서 신칸트학파가 출현해 현대 신학자들에게 지대한 영향을 주게 된다. 이런 과정에서 성경과 교리 그리고 계시를 떠난 현대신학이 정초된다(『현대신학』 제1권, 이성주, 성지원, P.136,137).

칸트철학에서의 물자체 인식 불가능론은 신학도들에게 자연법칙과 역사법칙 등의 인과법칙적 설명에 대한 회의론을 가져왔다. 전술했듯이 칸트에게서 물자체는 존재하지만 인간 오성(悟性, 지성)으로 인식될 수 없는 것이다. 인간의 주관이 오성의 선천적 형식에 의해 구성해 낸 것이 현상계일 뿐이다.

자유주의 신학자들의 논리는 칸트의 물자체와 현상계의 관계에다가 신과 종교현상이라는 개념을 대입한 것이라고 할 수 있다. 궁극적 실체인 신 그 자체는 인식될 수 없지만 인간의 주관에 의해서 구체적인 종교현상들이 된다(『세계관과 영적전쟁』 안점식, 조이선교회출판부 P.321, 322). 결국 물자체 인식 불가능론은 철학에서도 그렇지만 신학에서의 회의론 상대주의 다원주의적 결과를 유발시키는 요인으로 작용한다.

신학이란 주 예수 그리스도를 구원자로 믿고 성령에 의해 거듭난 성도가 성령의 감동과 성경 계시에 의존해 인간과 세계를 설명하고 하나님을 섬겨가는 과정이다. 이때 이성은 전적으로 성령에 인도 감화하심을 따라 하나님을 인식(믿음)하게 된다. 이때의 하나님 인식이란 오성의 범주적 인식을 말하는 게 아니고 성령의 감화 감동과 성경 계시에서 얻는 은혜를 따라 확신되어지는 인식인 것이다.

"믿음은 바라는 것들의 실상이요 보지 못하는 것들의 증거"라고 하신대로[히 11:1] 그리스도인은 믿음으로 보지 못하는 형이상학적 영역을 신뢰한다. 이 신뢰가 성령의 감화에 의한 인식인 것이다. 인간 이성만으로는 칸트의 말대로 하나님을 알 수 없다. 이성으로 하는 한 우리의 지식은 과연 현상계의 것뿐일 것이다.

하지만 신학은 이성을 계시에 복종시켜 확신을 얻는다. 구원받은 성도의 영혼은 성령이 계시는 하나님의 성전이고[고전 3:16] 따라서 하나님 인식의 주체는 성령이시고 그리스도인의 영혼은 성령의 계시적 감동을 따라 사는 객체가 된다. 그러므로 "믿음으로 모든 세계가 하나님의 말씀으로 지어진 줄을 우리가 안다" 하신대로[히 11:3] 그리스도인의 인식은 이성의 한계를 넘는 초월의 세계, 즉 하나님의 영역과 관계하게 된다.

칸트의 물자체 인식불가론은 구원받지 못하고 성령의 내주하심과 감화가 없는 무신론자에게만 통하는 얘기다. 철학에만 의존하는 한 인간은 오리무중 암중모색하다가 지쳐 쓰러질 수밖에 없을 것이다. 철학이 질문하면 신학이 답을 한다. 중세는 그래서 철학을 신학의 시녀로 위치시켰다 하지만 인지가 발달하면서 철학이 신학적 진술들을 뒤엎거나 폐기시키려 한다.

소위 자유주의 신학계는 이 철학적 공격에 속절없이 무너진 여리고성과 같이 돼 철학과 타협하거나 이에 굴종해 종교다원주의 성경 비평학 등의 부산물을 생산하는 실정이다. 여기에 칸트의 물자체론이나 종교론 등이 그 단초를 서비스한다. 특히 그의 종교론은 구원받지 못한 세상 사람의 말과 다름없다. 경건한 청교도 집안에서 태어났음에도!

칸트는 경건한 사람이었고 탁월한 지성이었지만 그의 철학이 신학과 교회신앙에 미친 결과는 나쁜 것이었다. 그 물자체론은 세상의 지식에 신앙을 탈취당한 자유주의 신학도들이 허무하고 무익한 다원론 등의 잡설을 만드는데 재료로 쓰여질 이론들이었다. 구원받고 성령의 감동 속에 사는 성도는,

"성령이 우리 영으로 더불어 우리가 하나님의 자녀인 것을 증거하시는" 은혜 안에 살면서[롬 8:16] 거룩한 성 새예루살렘 영원 천국에서 누릴 영광을 소망하며[계 21] 철학과 세상의 초등학문의 헛된 속임수들을 넉넉히 이겨 나간다[골 2:8].

자연은 의지를 가지고 있을까?

큰 태풍이 오고 있다. 가시적 현상으로만 보면 인간은 자연에서 나서 자연에서 뭘 채취 가공해 먹고 살다가 자연으로 간다. 그럼 인간은 자연 자체일까! 그 자연의 일부일까! 자연에 종속되고 마는 자일까! 아님 자연을 초월하는 존재일까?

아리스토텔레스(~ BC322)는 그의 저서 『자연학』에서 자연을 정적 존재자로 보지 않고 스스로 생성, 발전하는 원리를 내포한 생동적인 것으로 보았다.

그리고 칸트(~1804)는 자연을 자유의 인과율과 대립되는 것으로 보았다. 그에 의하면 인간의 실천적 행위는 법칙적 구속에서 벗어난 자유를 가지고 있는데 비해, 자연은 반드시 시간적으로 선행되는 어떤 원인에 의한 결과만을 낳기 때문에 비약이 불가능하고 인과성을 가지는 특성이 있다고 여겼다(phlosophy big dict-ionary). 인간처럼 자유가 없다는 얘기다.

의지의 철학을 전개한 쇼펜하우어(~1860)는 모든 동식물 생명 없는 무기물에 이르기까지 의지 현상이 있다고 했다. 그는 칸트의 〈물자체〉(Ding an Sich 현상의 기초를 이루고 있는 형이상학적 차원, God)가 인간의 의지(will)로 들어왔다고 한다. 그러므로 우리 자신도 자신의 내면을 통해 〈물자체〉에 접근 가능하다고 보는가 하면 〈우리 내면의 의지와 자연현상의 본질인 의지가 동일한 것〉이라고도 한다.

이 쇼펜하우어 철학의 핵심 개념은 모든 존재에서 일어나는 〈무의식적 의지〉에 있다. 그의 『자연에서의 의지에 관하여』 한국 버전(김미영 역)에 보면, 자연 속에서 움직이며 작용하는 힘의 본질은 물리적인 힘을 넘어서는 의지(will, wille)이다.

이런 관찰은 자연과학적 탐구 과정서 설명이 끝나는 지점에 이르러 형이상학적 고찰을 한 결과이다. 그는 칸트가 절대로 인식될 수 없다고 했던 〈물자체〉(Ding an Sich)가 〈우리 자신의 의지〉라고 한다. 의지가 처음인, 즉 근원적인 것이기에 인식은 의지의 가시성인 신체의 일부분인 뇌의 기능일 뿐이라는 게 그의 견해다. 결국 쇼펜하우어에게서는 〈의지〉가 최초의 것이며 본질 자체다. 그래서 이 세계는 의지가 현실화한 〈의지와 표상으로서의 세계〉인 것이다.

스피노자(Spinoza~1677)는 코나투스(Conatus)로 세계를 설명했다. 즉 존재하는 모든 것들은 주어진 실존을 보존 유지 지속시키려는 운동을 한다는 것이다. 이 자기 보존 운동이 코나투스인 것이다.

자연에 의지가 있는지를 살피기 위해 의지의 철학자들 견해를 스쳐봤는데 그럼 자연과 존재자들 속에 내포된 의지나 욕망은 어디서 온 것일까?

성경은 자연을 창조주 하나님의 피조물이라고 규정한다. 자연은 스스로 있는 게 아니고 모든 존재가 창조자의 6일 간 제작하신 것들이다. 그러므로 자연이나 존재자들에게 내포된 의지나 욕구 또한 그분에게서 온 것이다. 인간이나 자연이 가지고 있는 모든 질서와 생존 활동들의 근원자가 창조주 여호와 하나님이신 것이다. 그러면 일반적 자연 질서나 폭풍, 지진, 홍수 등의 특별한 자연 현상도 결국 창조주의 의지를 반영한다고 볼 수 있지 않을까?

자연과학적 설명으로 온난화라든지 인과적 설명을 하지만 충족적이지 않다. 논리와 이성의 한계 상황에서 형이상학적 도약을 할 수밖에 없는 게 인간의 운명적 조건이다. 사람들이 기우제를 지내거나 자연에 빌곤 하는 게 논리와 실증과학으로 커버할 수 없는 실존적 한계를 고백하는 그림 아닐까?

자연 재해가 심할 때 왕의 부덕을 탓하거나 권력자에게 책임을 돌리는 것도 그런 맥락일 것이다. 우리는 자연, 사회, 인간 모든 부분에서 궁극적 해답은 초월적인 영역에 구할 수밖에 없다. 자연과학, 인문학 모두 넘나들어도 충족적이지 않다. 인간 지식은 결국 불가지론 회의론 상대주의 등 한계 상황을 마주하게 된다.

창조주 여호와 하나님은 바람을 불게 하셨고 물이 줄어들게 하셨으며[창 8:1] 바람을 일으켜 바다를 요동치게 하셨고[출 15:10] 홍수로 심판하셨고[창 7] 천사로 하여금 바람을 관리하게 하신다[계 7:1].

자연의 특이 현상들이 자연 자체의 의지 작용이라면 이 의지를 주관하시는 창조자의 의지와 무관할 수 없을 것이다. 성경은 하나님께서 자연을 들어 인간의 죄악을 심판하신 사례가 많이 있다. 인간, 사회, 자연의 온 우주 만유는 성삼위 여호와 하나님의 것이며 그분 장중에서 생성 소멸의 운동을 한다.

인간은 그 크신 분 앞에 떨고 경배해야할 피조체요 유한자이며 항시 죄적 경향성에 시달리는 구원받아야 할 죄인들이다.

여호와 하나님께서
바다의 파도를 다스리시며
그 파도가 일어날 때에
잔잔하게 하시나이다 [시 89:9]

인간에게 자유가 있는가?

결정론(determinism)이란 게 철학에선 줄곧 논의되는 담론 중 하나인데 인간의 행동이나 역사적 사건들이 엄격한 인과법칙에 따르거나 필연적 연관 관계에 있다는 주장이다. 모든 사실 또는 우주만상이 이전의 사실이나 사건들에 의해 결정되거나 원인이 된다는 견해다.

이러한 이론에 따르면 인간은 자유의지를 소유하지 않았으며 독자적인 선택을 할 능력도 갖고 있지 않다는 결론이 된다. 예를 들자면 스피노자의 경우도 우리가 의지의 자유를 가지고 있다고 생각하는 것은 단지 무지에 불과하다고 본다.

그는 인간을 자연의 내재적인 일부분으로 보고 인간의 정신적, 육체적 모든 행위가 이전의 원인들에 의해 결정된다고 보았다. 자유롭다고 생각하고 뭘 선택할 수 있다고 생각하는 사람은 환상의 피해자들(자유 행위나 선택이 가능하다는 환상)이며 우리가 무엇을 갈망하거나 의욕하는 것 자체가 이미 결정됐다고 본다.

세계는 신의 속성들의 양태로 구성되기 때문에 세계 안에 있는 만물은 필연성에 따라 행동한다. 즉 만물은 이미 결정지어져 있다. 만물은 신(능산적 자연)의 본성적 필연성에서 비롯된 것이기 때문에 신의 속성들 중 하나인 인간은 신의 의지에 따라 존재하고 행동하도록 결정됐다는 게 스피노자의 주장이다.

따라서 우리가 경험하는 만물은 신(능산적 자연)의 속성의 변용이거나 특정한 양태들인 것이며 이미 결정된 방식으로 나타난 현상인 것이다. 따라서 인간은 신의 속성인 사유(정신, 생각)와 연장(물질, 형태를 지닌 것)의 한 형태(정신과 육체)이기 때문에 신의 유한한 분신인 것이다(물론 스피노자의 범신론적 사변을 참고해 보고 있을 뿐이다).

아우구스티누스(Augustinus)는 우리의 자유의지란 것도 심리적인 자유일뿐 신의 도구에 불과하다고 했다.

과연 인간은 자유로운가. 우리의 선택이 혹시 이미 짜여진 룰을 따르는 건 아닌가? 우리의 욕망, 의지, 감정, 이성… 이 모든 것은 내가 만들거나 가지고 나온 것이 아니다.

영원한 자연(능산적 자연, 신)에서 온 것이며 결국 영원한 자연이 나를 통해 자신의 일을 하는 것이 우리의 삶이 아닌가?

필자는 청소년기 신앙을 접하면서 성령에 붙들려 많은 기도 시간을 가진 적 있었는데 만유가 신의 메신저요 그분의 미션을 행하는 것이 이 세계임을 인식했었다.

존재세계의 모든 것들은 식물, 동물은 물론 물질로 된 것들도 모두 신의 일꾼들이요 그분께서 부여한(질서) 일을 하고 있었다.

우리의 자유의지를 행사하거나 어떤 선택을 하는 것도 유심히 관찰하면 자유로운 것이기보다는(자유론 선택 같이 보이나) 이전 원인들과 둘러싸인 환경적 조건들의 복합적 결과물로서 선택이 이뤄졌음을 보게 된다. 과연 인간은 자유하는 존재일까!

이는 만물이 주에게서 나오고 주로 말미암고 주에게로 돌아감이라 영광이 그에게 세세에 있을 지어다 아멘 [롬 11:36]

의지는 누가 움직이는가

부동의 원동자(unmoved mover)

고대의 철학자 아리스토텔레스의 신관이랄까 그의 핵심 개념 중 하나인 〈부동의 원동자〉에 대해 스쳐본다.

아리스토텔레스(Aristoteles B.C.384~322)는 트라키아의 의사 가문에서 태어나 아테네에서 20년간 플라톤을 스승으로 섬겼다. 마게도냐 왕의 왕자(나중 알렉산더 대왕)의 가정교사를 지냈다.

그는 모든 존재를 형상(eidos, 形相)과 질료(質料, hyle)의 구성으로 보았다. 집의 구조가 형상이라면 재목 등이 질료이다. 질료는 형상에 의해 모양을 갖추고 한정되며 형상이 실현되는 가능성이다[가능태]. 이렇듯 아리스토에게서 모든 실체는 형상과 질료의 복합체이다.

가능성으로서의 질료가 형상과 결합하여 현실성을 획득한 상태를 엔텔레케이아(entelecheia)라고 한다. 예를 들면 하나의 나무토막이 있다하자 이것은 하나의 질료인데 이것을 가지고 책상을 만들었다면 나무라는 질료와 책상이라는 형상이 합해져 엔텔레케이아가 된 것이고 이때 형상은 질료가 실현되어야할 목적이 된다.

책상은 형상의 목적이 달성된 것이고 이렇게 형상이 질료를 통해 현실성을 획득한 상태가 엔텔레케이아(entelecheia) 또는 에네르게이아(energgeia)이다.

아리스토텔레스에게서 신(神)이라고 할 수 있는 개념은 부동의 원동자(不動의 原動者, unmoved mover)인데 자신은 움직이지 않으면서 자연계에서 일어나는 모든 변화의 궁극적 원인을 주도하는 원리가 부동의원동자인 것이다.

아리스토는 이 부분을 그의 〈형이상학〉 제 12권에서 다루고 있는데 이에 따르면 모든 존재자는 가능성으로부터 현실성으로 가는 운동을 하고 있다. 이때의 운동이란 존재하는 것들의 모든 변화를 말하는데 단순한 변화에서부터 생성, 소멸 모두가 그 운동이 된다.

이 모든 운동의 발단이 부동의원동자인 것이고 이는 아리스토텔레스의 신(神)에 해당한다고 볼 수 있다. 자연은 개개의 목적을 실현하려는 노력으로 가득 차 있다. 만물은 각기 자신들의 가능성과 목적의 실현을 지향한다. 이러한 운동(노력)들의 총체가 세계의 질서를 이루고 있다. 이 부동의원동자가 이러한 운동의 영원한 원리요 이유가 된다는 이론이다.

간략하게 아리스토텔레스의 신관이랄 수 있는 부동의원동자를 스쳐봤는데 이 개념은 존재의 최초 발생에 대한 답을 주지 못하고 있다. 아리스토텔레스에게는 신적 개념일지 모르나 이 부동의원동자는 인격이 없는 그저 이론상의 개념일 뿐이다.

존재의 궁극적 문제는 초자연적 계시에 근거해서야 형이상학적 답을 얻는다. 세계에 허다한 철학적 이론들이 있지만 이성의 작업인 철학은 이성의 인식능력 한계 때문에 궁극적 답을 얻을 수 없다. 진리는 초자연적 계시여야하고 참된 계시는 기독교의 성경이란 게 그리스도인들의 신앙이요 고백이다.

성경의 저자이신 성삼위일체 여호와 하나님은 모든 존재의 근원이시며 구원의 주이시고 우리 영혼의 본향 되신다. 존재세계의 모든 운동은 그분의 미션을 수행하고 있다. 만물이 그분에게서 나오고 그분으로 말미암고 그분에 의해 정리된다[롬 11:36].

아리스토텔레스는 창조자이신 여호와 하나님에 의에 생성, 소멸하고 운동하는 자연 세계를 관찰하고 세계를 움직이는 근원적 존재를 상정해 부동의원동자라는 생각을 했을 것이다. 그저 추론일 뿐이다. 성경의 하나님은 인격이시며 그의 이러한 생각마저 초월해 계시는 절대자이시다.

예수 그리스도로 화육하시고 성령으로 내주하시며 66권 성경으로 자신을 계시하신 성삼위 하나님은 인간의 유일한 소망되신다.

십자가의 복음이 멸망하는 자들에게는 미련하게 보이는 것이요 구원을 얻는 우리에게는 하나님의 능력이라 [고전 1:18]

실존은 본질에 선행하는가?

사르트르(Jean Paul Sartre, 1905~1980)는 해군 장교인 장 바티스트 사르트르와 신학자요 아프리카에서 의사로 활동한 알베르트 슈바이처의 4촌인 안네 마리 슈바이처 사이에서 태어났다.

그는 마르크스주의의 영향을 받아 정치 활동을 계속했고 2차 대전 동안 프랑스의 레지스탕스로 활약했지만 공산당원은 아니었다고 알려진다.

고등사범학교 시절 학우인 시몬 드 보부아르(~1986)와 51년 간 함께 살면서 결혼은 하지 않은 특이한 사이였던 것으로 유명하다.

사르트르는 별다른 재산도 없이 소박하게 살았고 1980년 4월 15일 실명 상태로 고생하다가 건강 악화로 74세의 나이에 사망했다고 알려진다.

사르트르는 실존주의 대명사로 알려질 정도인데 무신론적 실존주의자였다. 그의 주장에 〈실존은 본질에 선행한다(existance precedes essence)〉는 명제가 있다. 실존(實存)이란 현실적인 존재라는 뜻인데 시간 공간 안에 있는 개체인 인간을 말한다. 이 말은 본질(本質)에 대립하는 말로 사용되고 있다. 플라톤 이래로 본질이 실존에 앞서고 본질을 원형(原型)으로 실존이 만들어졌다는 생각이 지배적이었는데 무신론적인 실존주의자들이 인간이 우선 실존하고 그의 자유로운 선택에 의해 자기를 형성하는 것이므로

〈실존이 본질에 앞선다〉고 주장한다.

신(神)을 부정한 사르트르는 〈인간은 먼저 실존하고 그 뒤에 정의(定義)되는 것〉이라고 한다. 인간 이전에는 신(神)도 보편적인 개념도 없다. 따라서 사르트르에 있어서 인간은 자유로운 선택에 의해 행동이 가능한 주체적 존재이며 동시에 자기가 선택한 것에 책임져야 하는 존재이다.

그에 의하면 인간은 단지 실존하고 그 후에야 본질적 자아가 된다. 인간이란 우선 존재하며 자기 자신과 대면하고 세계와 관계하며 그 뒤에야 자신을 정의한다. 인간에게는 본성이란 게 존재하지 않는다. 신(神)이 없기 때문에 인간은 스스로 존재의 의미를 만들어 나가는 존재라고 한다.

그에게는 실존하는 개체들 외에 아무것도 존재하지 않는다. 신도 어떠한 객관적인 가치 체계도 어떤 고착된 본질도 존재하지 않는다.

이러한 사르트르의 사상은 지나친 주관주의이면서 우리의 의식을 혼란케 만드는 담론이다. 사르트르는 인간에게 존엄성을 부여해 주는 것은 그가 주체적 삶을 소유하고 있다는 점이라고 한다. 이 말은 틀린 말이다. 인간이 존엄한 것은 하나님의 형상으로 지음 받은 자이기 때문이지[창 1:26] 주체적 삶을 살아서가 아니다.

그 주체적 삶이란 것도 사르트르가 억지로 하는 의미 부여이지 별것 아니다. 주체적 삶이란 뭔가? 자유의지를 행사한다는 말일 텐데 그 자유의지나 인격 현상이 창조자에게서 부여받은 것이지 인간이 셀프로 만든 것 아니다. 엄밀한 의미에서 주체적 삶으로 보이는 현상은 창조자가 넣어준 메커니즘에 따라 행하는 수동성일 뿐이다.

무신론파들이 무신론 깃발로 아무리 썰을 풀어도 설득력이 없다. 인간과 세계에 대한 가장 성실한 이해는 성경의 창조론에 귀의하는 것이다.

성경의 창조와 구원 역사를 떠나서는 기껏해야 사르트르의 무신론적 실존주의라면서 사람들을 허무로 안내하는 한담 정도일 것이다. 본질(창조자)없이 무슨 실존이 존재할 수 있단 말인가? 인간의 오만과 편견 그리고 하나님을 대적하는 교만의 소산일 뿐이다.

사르트르의 말이 유의미하려면 인간이 스스로 존재하는 자여야 한다. 하지만 어림없다. 인간은 만들어져 내던져진 피투(被投)성이일 뿐이다.

인간은 흙 한줌도 쌀 한 톨도 가지고 나오지 않았다. 창조자가 주신 것을 가지고 개발이나 계발하면서 숨 쉬고 움직이다가 허용된 시간과 생명력이 고갈되면 비참성으로 가는 존재다.

무신론적이고 인본적인 모든 썰들에는 영혼을 황폐하게 하고 하나님께 나아가 구원받을 기회를 박탈하는 횡설수설들이 많다.

니체의 불교관

니체(Nietzsche)는 그의 〈안티크리스트(Der Antichrist)〉에서 그리스도교를 나무라면서 불교는 기독교에 비해 굉장히 현실적이라고 한다. 그러면서 불교를 신(神)을 초월한 종교라고 하는가 하면 기독교처럼 죄와 싸우라고 하지 않고 현실을 제대로 보고 고통과 맞서 싸우자고 한다며 불교 우위론을 말한다. 그러면서 불교는 도덕이란 개념이 자신을 속이는 도구에 지나지 않는 것임을 이미 알고 있는 종교라고도 한다.

우선 불교가 니체가 말하는 것처럼 현실적 종교인가? 아니다! 그 반대다. 기독교는 원죄설을 말하지만 태초에 하나님이 천지를 창조하시고 보시기에 좋았다고 하신대로[창 1:10] 현실 긍정의 복음이다. 하지만 불교는 허무종교요 현실성이 없다시피한 부정의 논리다.

모든 것은 일체유심조(一切唯心造)이기 때문에 마음만 닦아야 하고 나머지는 모두 허망한 것이다. 그래서 산으로 가 머리를 밀고 수행하고 염불하며 삼천 배라도 하며 마음을 닦아야 한다.

물론 불교도 생활 속에 뿌리박아야 하고 스님들도 먹고 살아야하니까 여러 가지 기복주의와 얽힌 각종 행사들을 한다. 과거 현각이란 중도 한국불교가 돈을 너무 밝히는 것에 실망한다는 등 말도 있었지만 여하간 현재 불교는 원시불교의 근본과는 달리 현실주의화한 측면이 많다.

여하간 근본은 허무(Nihil)를 전제한 종교의 형태를 띤 염세주의다. 그런 점에서 니체가 불교를 현실적 종교라고 한 건 허언이다.

불교식으로 하면 다 때려치우고 깨닫기 위해 성철스님처럼 현실과 관계 끊고 마음만 닦아야 한다. 제행무상(諸行無常) 아닌가. 이게 어떻게 현실종교란 말인가. 그리고 신을 초월한 종교란 말은 석가모니가 창조주 하나님을 만나지 못한 무신론자였기 때문에 나온 소리일 것이다 신을 초월한 게 아니고 아예 몰랐고 구원받아 하나님의 자녀가 되는 과정이 없었다는 말을 초월이니 뭐니 그렇게 하는 것이다.

하나님을 모르기는 니체도 마찬가지일 것이다. 같은 계열이니까 통하는 것 아닐까?

또 불교는 죄와 맞서 싸우지 않고 고통과 싸운다고 했는데 니체는 세상의 고통이 죄 때문에 기인된 것을 모르는 모양이다. 인간이 사단과 짝하고 하나님을 대적하고 에덴에서 추방되기 전, 그러니까 원죄(原罪)가 없었을 때는 고통이 없었다. 고통은 아담이 범죄 한 후에 죄의 결과로 찾아온 것이다.

불교가 죄가 아닌 고통과 싸운다는 니체의 말은 고통의 근본을 제대로 파악하지 않은 단순성이다. 인간은 죄 문제를 해결해야 고통 없는 영생을 얻는다. 불교식 수행으로는 일시적 마인드 컨트롤일뿐 죄와 고통의 근본을 해결한 게 아니다.

십자가 대속 구원의 복음이라야 구원과 영생의 길이다. 도덕이 자신을 속이는 도구라고 한 니체의 말도 경박한 선동이다.

도덕의식 안에는 사회적으로 학습된 콘텐츠가 있지만 인간이면 누구나 가진 도덕심, 즉 양심적 기능이란 건 천부적인 것이다.

인간이 원죄로 타락했으나 하나님 창조의 잔존물이 도덕적 이성이다. 나중에 검토하겠지만 니체의 도덕관이란 형편없는 몰상식이다.

니체가 기독교를 최악의 종교라며 불교를 빨고 있지만 내가 니체식으로 말하면 불교야말로 불가능한 마음수행이란 것으로 범부중생을 호도하는 어둠의 이데올로기다.

불자들은 니체 말 듣지 말고 성철스님이 인생 끝판에 한 말들을 글자 그대로 참고하고 불교의 허무함을 깨우쳐 십자가 대속 구원의 복음을 만나기 바란다.

어리석은 자는 그의 마음에 이르기를
하나님이 없다 하는도다 [시 14:1]

『천주실의』에 나타난 윤회론 비판

마테오 리치(Matteo Ricci, 1522~1610)는 중국에서 사역한 가톨릭 선교사인데 이탈리아의 예수회의 수사였다. 1583년에 중국에 들어가 중국어를 열심히 공부하고 십계명을 중국어로 번역한다.

북경에 도착해 지식인들과 황제에게 서양학문을 소개하곤 했는데 이『천주실의(天主實義)』는 그가 한문으로 쓴 가톨릭 소개서이다. 이 책은 명나라 말기 사대부들의 베스트셀러가 됐었다고 한다.

그 내용은 우주만물의 창조주가 있어 만물을 다스리고 있으며 인간영혼은 죽음이 없는 영원한 것이고 사후에 심판을 받는다는 것과 불교의 윤회설을 비판하고 그리스도교 신앙만이 구원을 준다는 줄거리다.

이 책의 한글버전(노용필 역, 어진이출판사)으로 그 내용을 간단하게 살펴보자면 그 영혼론 부분에서 서양 중세의 스콜라철학을 연상케 한다. 아울러 윤회론을 비판하는 점이 두드러진 특징이다. 이 책의 제 5편인 윤회론 비판 부분을 일부나마 스케치해 본다.

사람의 육신은 비록 죽을지라도 영혼은 죽지 않으며 영원히 존재하고 불멸하면서 사후 천당과 지옥을 살게 된다. 윤회(輪廻)는 피타고라스(Pythagoras)로부터 제기되었는데 석가모니가 절취한 것이다. 피타고라스는 사람들이 악을 행하고도 거리낌이 없음을 항상 마음 아파하다가 자기 명성이 알려지면서 기묘한 것(윤회설)을 주장했다.

윤회설은 이치를 거스르는 게 너무 많다. 사람은 누구나 예전 세상을 하나도 기억하지 못한다. 석가모니가 사람의 혼이 다른 사람의 신체에 의탁하거나 다른 짐승의 육체에 들어가거나 해서 다시 이 세상에 산다고 하는 것은 확실한 거짓말이다.

사람의 영혼이 자신의 신체에 합하는 것이지 어찌 자신의 혼으로써 다른 사람의 신체에 합할 수 있겠는가. 더구나 다른 부류의 짐승 같은 육체에 합할 수 있겠는가?

사람이 길짐승의 천한 것에 들어감이 곧 형벌이라고 한다면 이 황당한 말과 방자한 얘기는 악을 막고 선을 권함에 이익이 되지 않고 오히려 손해만 있을 것이다.

부처의 말에 살생을 금한 것은 내가 도살한 소나 말이 곧 부모의 후신일까 두려워 차마 죽이지 못한다고 하는데 그렇다면 어떻게 소나 말을 몰아 밭을 갈며 수레를 끌도록 할 것인가. 그것도 부모를 부려먹는 것이 아닌가? 게다가 사람이 날짐승이나 길짐승으로 변화할 수 있다는 말을 누가 믿겠는가?

이상 『천주실의(天主實義)』중 윤회론 비판 부분을 짧게 스케치해 보았다. 비록 천주교인이지만 마테오 리치가 윤회론이란 허황한 얘기를 논박하는 점은 시원스럽다.

칸트에 대한 니체의 비판

니체는 서양의 철학이 기독교 신학에 눌려 있다면서 독일 철학도 뿌리를 더듬어 가면 기독교에 이르게 된다고 한다(Der Antichrist, 나경인 역을 텍스트로 함). 그러면서 칸트도 이 부류에 속한다며 오류투성이라고 (칸트를) 깐다. 그는 칸트를 위험한 인물로 규정하고 악의에 찬 오류를 가지고 있다고 공격하는데 왜 이렇게 까는 걸까?

우선 칸트가 실제로 존재하지도 않는 세계를 고안해 낸 점을 문제 삼는다. 이는 칸트가 초월적 세계를 설명하는 〈물자체(Ding an Sich)〉이론을 비판하는 말인데 이 물자체는 플라톤에게서 이데아와 같은 것으로 현상계의 본질을 이루는 근본세계를 말한다. 신학에서 하나님인 것이다.

니체는 이 물자체가 관념상의 가상에 불과한 것인데 칸트가 참된 세계로 만들었다고 투덜댄다. 무신론 영혼인 니체가 앙탈 부릴 만한 건이다. 또 하나는 칸트가 세계의 본질로 도덕을 상정한 것을 문제 삼는다. 니체에게서 도덕이란 선험적으로 주어진 것이 아니고 역사적으로 만들어진 것에 불과한 것이다.

그러니까 도덕은 우리가 살면서 만들어 낸 산물이고 우리 자신을 지키는 방패 정도일 뿐인데, 칸트가 도덕을 세계의 본질로 여기고 있다며 이야말로 백해무익한 환상에 지나지 않는 주장이라고 (칸트를) 맹폭한다.

이렇게 니체는 칸트가 이성으로는 참된 세계, 즉 물자체에 미치지 못한다고 하면서(칸트는 물자체가 우리 인식의 대상이 될 수 없다는 소위 물자체 인식 불가능론을 말한다).

"현실은 가상에 지나지 않는다"고 한 것과 도덕을 세계의 본질로 여기는 것 모두를 쓸데없는 것으로 규정하고 칸트를 아주 질 나쁜 범죄자로 몬다. 그러면서 칸트의 본질은 데카당스(Decadense, 퇴폐)에 지나지 않았다고 퍼붓는다.

니체를 망치를 든 철학자인지 그렇다고들 하는데 니체가 자기 이전의 철학들을 때려 부수려 드는 배경에는 그리스도교에 대한 파괴 본능이 있다.

칸트가 물자체를 말하는 건 플라톤의 이데아의 모호한 반복일 수 있지만 이 세계를 현상계로만 파악할 수만은 없다는 성찰에서 나온 고육책이다. 물론 칸트의 물자체 인식 불가능론이 그리스도교 신학에서 볼 때 신(God)에 대한 회의론을 조장하는 모호한 추상에 불과한 것이다. 하지만 눈에 보이는 현상계를 이뤄낸 근본세계가 있다는 전제는 기독교적 배경을 가진 칸트에게서 나올 만한 생각이다. 물론 니체에게는 기독교 신론의 일종으로 보일 것이지만!

칸트가 도덕을 세계의 본질로 여기는 건 의지의 철학(의지나 욕망을 본질로 여기는 철학)자들이 볼 때는 소박한 이상주의로 치부될 것이다.

칸트에게서 도덕은 신 존재 증명의 유력한 카드이다. 그에게서 종교, 즉 기독교는 이성 종교요 도덕 종교다. 신(물자체)은 인식의 대상일 수 없다. 단 우리가 신을 인식하거나 경험할 지푸라기라면 도덕적 이성뿐이라는 게 칸트의 생각이다.

　니체가 도덕을 한갓 사회 구성의 도구 정도로 보는 건 단견이다. 도덕의식에는 현실적 삶의 과정과 사회적 학습이 내포됐지만 선험적 양심 기능은 천부적이다. 일반 사회의 부산물로 여김은 편협한 선동이다.

　니체의 칸트 비판 배경에는 기독교 비난이 그 동력을 제공한다. 하지만 니체의 이러한 반기독교적 파괴 행위야말로 허무한 노고일 뿐이다. 그의 권력의지론 초인 영원회귀설 등에서 쓸 만한 게 없고 혼돈을 야기할 뿐이다.

　니체가 기여하는 분야라면 현실에 불만 품고 특히 기독교회에 르상티망(ressentment, 원한)을 품은 자들의 기분을 잠시 좋게 해주는 정도일 것이다. 니체에게 걸려들면 교회신앙은 시련을 겪게 마련이다. 한국에선 도올 김용옥이 그를 닮았다.

　니체! 그는 하나님을 알지 못하고 구원받지 못한 채 주관적 판타지에 몰입했던 광인이었을 뿐이다. 교회신앙, 즉 성경신앙은 이 모든 잡설을 뛰어넘는 구원의 복음이요 신비 그 자체다.

니체의 기독교 비판을 보면

니체(Friedrich Nietzsche, 1884~1900)는 목사의 아들로 태어났으나 5세 때 아버지를 여의고 어머니, 누이동생과 함께 할머니 집에서 성장했다.

비록 아버지 사랑을 받을 기회가 없었지만 그래도 목사의 아들인데 역사상 가장 기독교를 험하게 비난했다고 할 클래스에 들어가는 삶을 살았다는 게 아이러니다.

그의 『안티 그리스도(Der Antichrist)』를 중심으로 그가 기독교를 비난했던 것을 스쳐보려 한다. 한국버전 나경인 역의 『안티 크리스트』는 유려한 옮김이다.

여기서 니체는 기독교인을 보고 '마음의 병을 앓고 있는 동물'이라고 한다. 원죄설을 믿는다고 나무라는 말인 모양이다. 그러면서 파스칼(Pascal)조차도 원죄설을 믿었다고 나무란다.

니체가 기독교인 보고 마음의 병을 앓고 있다고 한 건 오해다. 도리어 평안을 누린다. 아마 니체가 보기에 자신을 죄인으로 규정하고 신 앞에 떨고 있는 교인들이 불쌍했던 모양이지만 그건 외양만 본거고 속을 보지 못한 결과이다.

원죄로 고통당하는 인간을 구원하시려 독생자이신 그리스도를 보내시고 십자가 대속의 은총을 통한 구원의 은혜야말로 마음의 평안을 준다.

니체가 이런 구원의 경험이 없고 하나님을 만난 과정이 없었기 때문에 그리 보인 것뿐이다. 원죄설도 니체가 오해하는 것처럼 몹쓸 게 아니고 복음이다. 창조주 하나님을 떠난 인간의 고통스런 실존을 해명해 주는 키워드다.

인간세상의 이 고통과 죽음, 각종 재난과 불안의 원인을 해명하는 데 원죄설 말고는 다른 것으로 설명해 낼 자료가 없다. 십자가 구원의 복음은 원죄 가진 인간의 비참성을 깨닫게 하고 영혼의 안식과 영생천국을 소망하게 한다. 이런 구원의 복음은 구원받은 성도의 영혼에 약동하는 하나님의 은혜이다.

니체의 기독교 비난은 참고는 하되 허설인 것을 알고 무시해야하는 콘텐츠다.

식물에 뇌가 있을까?

지난 12월 6일자 〈조선일보〉 오피니언 난(박건형의 닥터 사이언스)에 식물의 뇌에 관한 칼럼이 있었는데 1978년 남아공의 식물학자 라이얼 왓슨이란 사람이 "식물에 감정이 있으며 거짓말 탐지기로 기록도 가능하다"고 주장했던 것을 소개하면서 당시에는 미친 소리로 치부됐었지만 최근에는 식물이 감정을 갖고 있으며 의사소통도 가능하다는 것을 보여주는 연구들이 있다고 말한다. 식물은 뇌가 없기 때문에 감정과 오감(五感), 지능이 없다고 단정한 것은 단지 인간의 편견일 뿐이라는 얘기다.

일본의 국제학술지 네이처 커뮤니케이션스에는 일본 사이타마대 연구진이 발표한 논문이 실렸는데 "식물 미모사 푸디카를 관찰한 결과 동물의 신경전달과 비슷한 메커니즘이 있다는 것을 확인했다"고 밝혔다. 원리와 형태는 다르지만 식물도 동물과 같은 신호 전달 시스템이 있다는 것이다.

식물은 위협을 주변에 알리는 이타적 존재이기도 하다. 폴란드의 바르샤바대 연구팀은 민들레를 관찰한 결과 잎이 손상되면서 전기신호를 내뿜어 주변에 알리는 것을 확인했다. 식물이 말을 하고 들으며 소통한다는 것이다.

진화학의 창시자인 찰스 다윈은 1880년에 발간한 '식물의 운동력'에서 "식물의 뿌리에는 하등동물의 뇌와 비슷한 것이 들어 있다"고 주장했다고 칼럼은 소개한다.

의지의 철학자 쇼펜하우어는 그의 『자연에서의 의지에 관하여』에서 자연과학의 한계를 지적하며 자연과학으로의 설명이 끝나는 지점이 형이상학적 고찰이 시작되는 지점이라고 한다.

그는 자연 속에 움직이며 작용하고 있는 모든 힘의 본질은 물리적인 힘을 넘어서는 의지(Willen)라는 것을 과학자들은 인식하지 못한다고 한다(김미영 역, 『자연에서의 의지에 관하여』).

그는 동식물뿐 아니라 생명 없는 무기물에 이르는 모든 존재에게서 의지 현상이 표명된다며 〈우리가 내면에서 발견하는 의지가 자연현상의 본질인 의지와 동일한 것〉이라고 말한다.

아울러 칸트가 절대로 인식될 수 없다고 간주한 물자체(Ding an sich, 본체(本體))가 우리 자신의 의지라고 한다. 형이상학의 탐구 대상인 의지를 자연현상의 근원적 실제로 제시하면서 자연의 의지와 인간의 의지를 동일시하고 있는 것이다.

의식적 무의식적 운동 모두가 의지의 운동이며 이 의지는 인식이나 지성으로부터 독립적이며 의지가 인식에 앞선다고 한다. 이런 쇼펜하우어의 의지의 철학을 참고한다면 식물들도 자기 의지 표현을 하고 있다는 얘기가 된다.

필자 안티다원은 청년기인 23세에 성령에 이끌려 기도하던 중 만물이 찬양하며 말하는 것을 체험했었다.

1968년 겨울 성탄절 새벽송을 하고난 직후 채 밝기 전이었다. 기도를 성령이 주관하셨는데 그때 경험이 일생을 지배하는 동력이 되고 있는 셈이다.

동식물 공중의 새, 흐르는 계곡의 물들까지 하나님을 찬양하고 있었으며 모든 존재하는 것들이 한결같이 창조주 하나님이 맡기신 일들을 하고 있었다. 즉 존재하는 모든 것들은 하나님의 미션을 수행하느라 호흡하며 움직이고 있는 것이다.

그 감격이 온 몸을 휘감고 있었는데 이 주변의 나무, 새들, 물소리 할 것 없이 합창으로 "동선아! 너는 복되도다! 아무도 와보지 못한 곳에 왔구나! 복되구나! 아무도 보지 못한 것을 보는구나!"를 몇 회 반복하는 것이었다.

계곡의 물소리도 찬양 곡이었고 날아가는 새들의 지저귐도 모두 창조주 하나님을 찬양하는 소리였다. 물론 주관적 경험에 불과한 것이었지만 일생을 리드하는 동력으로 작용한다.

성경에는 만물이 하나님을 찬양하고 하나님을 위하여 존재하며 하나님의 주권 하에 만유가 존재하고 있음을 누누이 말씀하고 있다.

아름답고 거룩한 것으로 여호와께 예배할지어다.
온 땅이여 그 앞에서 떨지어다.
하늘은 기뻐하고 땅은 즐거워하며
바다와 거기에 충만한 것이 외치고
밭과 그 가운데 있는 모든 것은 즐거워 할지로다.
그때 숲의 모든 나무들이
여호와 앞에서 즐거이 노래하리라 [시 96]

마르크스, 프로이트, 니체

　12월만 되면 울려 퍼지던 캐럴과 여러 장식들이 크리스마스를 앞두고도 없다시피 한 풍경이다. 이건 아마 외국도 비슷한 분위기들일 것이다. 여러 원인들이 있겠지만 성경 계시록의 예언대로 지구촌이 점점 종말적 상황으로 가는 증상일 것이다.
　현대의 사상적 환경을 만든 3인을 마르크스(Marx), 프로이트(Freud), 니체(Nietzsche)라고들 말하는데 이 3인 모두가 기독교에 대해 적대적이다. 마르크스는 모두 알다시피 기독교회를 비롯한 모든 종교를 인민의 아편이고 부르주아의 착취 도구라며 혁명의 적으로 규정한다.
　프로이트는 종교를 원시인들의 토템(Totemism)에서 기원된 것이라며 인간의 필요를 만족시키기 위한 상상의 행위일 뿐이고 정신강박 신경증이라면서 인류의 성숙을 위해 사라져야 한다고 했다.
　이런 중에도 니체는 더욱 기독교에 대해 신경증적 안티 감정으로 나댔던 인물이다. 그는 서양의 철학들이 기독교 신학의 지배 하에 있고 기독교의 변형에 불과하다는 투로 철학자들을 맹폭한다. 망치를 든 사람이란 별명대로!
　그는 이원론(二元論)적 구도에 발작적으로 대들면서 칸트는 물론이고 플라톤의 이데아, 아리스토텔레스의 형상론, 데카르트의 이원적 인간 이해할 것 없이 험한 말로 나무란다. 말하자면 실체가 없는 가상의 것을 만들어 사람들을 유혹한다는 투다.

그의 이런 이원론에 대한 비난은 그리스도교가 하나님과 피조 세계를 구분하고 천국과 지옥을 나누는 교리들에 대한 르상티망(ressentiment, 원한 감정)을 배경에 깔고 있다. 칸트의 물자체(物自體, Ding an sich 현상계를 초월한 근본 세계, 신학에서 신(神)에 해당)론을 대표로 찍어 있지도 않은 것을 만들어 사람을 속인다고 규탄한다.

예수는 아나키스트(Anarchist, 무정부주의자)에 불과한데 바울에 의해 신(神)으로 각색되었고 영혼의 불멸이니 구원이니 하는 게 다 허상이고 신은 존재하지 않는다며 그리스도교를 만악의 근본이라고 떠든다(Der Antichrist).

이 3인이 출현해서 포스트모던(Postmodern)이니 뭐니 떠들어 댄 게 오늘의 사회문화적 환경인데 이는 그리스도교의 복음에 대한 거부를 그 속성으로 하고 있다.

좀 독단적이고 심한 표현 같지만 이들의 정신세계를 주도한 존재는 사탄인 것이다. 사람들은 사탄이니 귀신이니 하면 알레르기 반응을 보이지만 성경의 존재세계에 대한 계시는 모두 팩트이고 과학이다.

이 세상에 유일한 형이상학은 성경이다. 성경으로만 이 세계의 발생과 진행과정 그리고 미래의 오메가 포인트(Omega Point, 역사 완성의 종점)를 알 수 있게 해 준다. 사실 성경은 신비서(神秘書)이고 세계를 창조한 절대자의 자기 계시이다.

엄밀한 의미에서 성경 없이 세계와 인간을 이해할 형이상학이 없다. 성경 없이 구도(求道)를 시도했다면 허무와 좌절 또는 사탄의 유혹에 끌려 갈 수밖에 없는 게 인간의 한계 상황이다. 편협한 기독교인의 독단으로 들리겠지만 실상인 것을 어찌하랴!

오리지널 그리스도인의 시각에서 볼 때 현대의 사상계를 쥐고 흔들어대는 마르크스, 프로이트, 니체 3인은 영적 카오스를 만끽하는 멘탈들이다. 그들의 생각은 사탄의 유혹을 이기지 못한 자들의 낭만과 욕망 그리고 허상의 집합물이다.

마르크스가 그린 계급투쟁적 로망은 망상에 불과한 잡념(雜念)이다. 이성의 한계 안에서 그려낸 평등세계란 사탄과 공모한 몽상(夢想)일 뿐이고 결국 인간을 괴롭히고 죽이며 해치는 이론임을 역사가 보여 주고 있다.

프로이트 또한 포이어바흐(Feuerbach)의 소박한 인본주의 유물론에 취해 버린 사람이었다. 인간을 무의식에 의해 움직여지는 존재로 파악한 건 이상한 집착이었고 에로스니 리비도(Eros Libido)니 하는 것으로 규정해 보려는 시도 또한 정신분석학이라는 거창한 네임에도 불구하고 괴설에 가까운 썰이었다. 게다가 그의 종교 이해는 영적 무지의 잡담이었다.

니체는 광인(狂人)스러운 일생이었다. 그가 영원회귀니 초인이니 노예도덕이니 하는 것들을 가지고 사람들 혼란케 하고 스타 노릇하지만 그 주장들을 까보면 모두가 다 허무에 종속된 신음 소리들이고 영혼들이 하나님을 만나 구원받지 못하게 하는 방해물들이다.

그의 모든 사상 배경엔 그리스도교에 대한 앙심과 원한이 서려 있다.

신은 없다.

천당 지옥도 없다.

기독교는 노예도덕이다.

이런 썰들은 기독교회에 대한 안티 감정을 가진 이들의 기분을 잠깐 터치해 줄 뿐 결국 사람의 영혼을 지옥으로 초대하는 한담들에 다름 아니다.

마르크스, 프로이트, 니체가 구원받지 못하고 하나님을 모르는 자들에게는 스타이고 그럴듯한 매력을 지니겠지만 그들 따라가면 그냥 지옥이고 무신론이며 혼란일 뿐이다.

니체가 56세를 살았는데 말년의 10년 이상의 세월을 정신을 가누지 못한 비극적 삶을 살았다. 1878년 9월부터는 두통과 발작, 불면, 시력 약화, 구토에 시달렸고 1882년 9월에는 자살 충동을 일으켜 마취제로 견뎠고 1889년에는 정신착란이 심했고 고통스런 인생사를 마감하고 1900년에 사망한다(Nietczsche Dictionary).

물론 병이나 단명을 모두 사상이나 이념 탓, 또는 삶의 결과물로 도식화하긴 어렵다. 매우 도덕적이었던 욥도 엄청난 시련을 겪었다.

단 니체의 경우는 마르크스나 프로이트와도 다르게 매우 사나운 반기독교인이요 하나님을 향한 적대적 삶이었기 때문에 보통 사람들이 그의 사상과 주장들에 대한 심판적 성격이 있었다고들 말한다.

성경의 끝인 요한계시록은 앞으로 666으로 암호화된 환란의 시기가 도래할 것을 예언하고 있다. 666문명은 교회들의 배교를 통한 영적 대 혼란과 함께 그리스도께서 마태복음 24장에서 말씀하신 거짓 선지자들이 많이 일어나 할 수만 있으면 택하신 자들도 미혹하는 사회인 것이다.

　마르크스, 프로이트, 니체 모두는 성경적 도그마로 보자면 거짓 교사들이다. 학문적으로 좀 기여하는 점이 있다 할지라도 그건 어디까지나 세상 사람들의 시각인 것이고 구원받은 하나님의 자녀인 그리스도인의 관점에서는 모두가 하나님을 대적하는 자들이고 니체, 마르크스는 더욱 그렇다는 얘기다.

　3인이 나타나 복음을 대적한 사회가 점점 어두워지면서 그리스도가 성육신(成肉身)하신 의미도 점점 희석되고 있으니 이 모두가 종말기 증상을 알리는 성경 예언이 성취되는 과정일 것이다.

　마라나타
　주 예수여
　오시옵소서!

니체 초극하기

그리스도인들에게서 니체는 극복해야할 산이다. 니체는 1900년에 세상을 떠났는데 55세를 살았고 말년인 11년여 간은 극한의 정신성 병을 앓다가 타계했다. 그의 사상이 도발적이고 혁명적이며 기존의 철학들을 마구 부수는 것이어서 소위 포스트모던(postmodern) 시대를 연 인물 중 하나로 평가된다.

그리스도인들이 그를 초극(超克)해 내지 않으면 안 되는 요인은 그의 반 기독교적 사상 때문이다. 그의 일생은 기독교의 복음적 가치를 증오하는 데 소진했다고 해도 과언이 아닐 만큼 신랄(辛辣)했다.

그의 영향이 신학에까지 미쳐 자유주의 신학이라는 인본주의적 사변에 그의 냄새가 진동한다. 그의 사상들이 난해해서 그의 사변들을 익히는 게 쉽지 않지만 주마간산(走馬看山) 격이라도 스쳐가면서 평가해 보기로 한다.

우선 그의 노예도덕론(奴隷道德論)을 살펴본다면 핵심은 기독교의 교리가 노예를 만드는 원흉이란 얘기다. 기독교는 약자를 옹호하는 척하면서 인간의 권력의지(權力意志, Wille zur Macht)를 약화시켜 노예근성을 만든다고 한다.

그의 권력의지란 힘에의 의지라고도 하는데 존재하는 모든 것들, 즉 존재 일반이 외부로 발산하는 힘을 말한다. 이것은 인간이 주변을 지배하려는 본성적 충동인데 예로 남을 착취하는 것도 살아있는 존재의 원초적 본능이라고 두둔한다.

니체의 말은 기독교가 이 권력의지를 죽이고 노예처럼 굴종하게 만든다는 얘기다. 하지만 이것은 니체의 착각이다. 기독교회가 들어간 곳에 민주주의와 개인의 자유가 신장되고 노예가 해방되며 인권이 획득되었다. 비기독교 사회와 비교해 보면 알 것이다. 복음은 노예를 해방시키고 자유하게 하는 은혜이지 니체식 이상한 스토리가 아니다.

이런 전제로 그는 기독교가 초인의 탄생을 억압한다는 스트레스를 가지고 있다. 그의 초인(超人, Ubermensch) 개념은 자라투스트라(Zarathustra)를 그 전형으로 제시하는 듯한 이상적 인간상이다. 기존 도덕을 부인하고 인간적 가능성의 극한을 완전히 실현한 자로서 힘에의 의지, 즉 권력의지를 완전히 구현한 자이고 인류의 지배자여야 하며 민중은 그에게 복종해야 하는 존재다.

이는 독재자를 만들고 나치 같은 걸 정당화할 이론(실제 활용 당했음)이며 계시록의 적그리스도의 출현을 방조할 주장이다. 이는 기독교의 신(神)을 대신하는 그림이기도 한데 기독교에 대한 원한 감정이 낳은 망상념(妄想念)이 아닐 수 없다.

니체에 의하면 기독교는 이 초인의 출현을 막는 이론이고 이런 초인의 출현이 두려워 나약한 인간상을 육성하면서 민중을 신(神)에게 예속시키고 우리가 초인되어 가는 것을 방해한다고 외친다.

약함의 미덕을 강요하고 내세 지향적이고 종말을 설파하며 현실에 대한 허무주의를 조장한다. 이렇게 세상을 망할 곳으로 교육시켜 허무를 조장하는 장본인이 바울(Paul)이라고 한다. 결국 니체가 말하는 기독교는 힘에의 의지를 제거하고 공상적 허무주의로 현실을 부정하게 하여 사랑과 용서를 가르치며 현실 도피하고 신에게 은총만 구하는 종교라는 얘기다.

고통을 사랑으로 치환(置換)하고 감각과 쾌락을 증오하게 만들어 원수까지도 사랑하라고 외치는 노예도덕의 생산지란 말이다. 이를 만들어 낸 자가 바울이라면서 바울이 예수의 진면목을 왜곡했다고 한다.

니체는 예수의 삶이 초인(楚人)일 수 있었는데 바울을 비롯한 기독교인들이 예수의 삶에 만족 못하고 죽음만 이용한다고 한다.

니체의 세계관에 영원회귀(永遠回歸, ewige Wiederkunft)가 있는데 영겁회귀(永劫回歸)라고도 한다. 세계의 모든 사건은 순환운동을 영원히 반복한다는 사상이다. 변화운동을 지속하면서 가치도 변화시킨다.

니체에게서 존재란 고정된 것이 없다. 끊임없는 변화와 생성(生成) 뿐이다. 계속해서 항상 변하고 생성하는 것이 세계이다. 니체에게서 존재란 곧 생성이다. 이 생성의 세계를 지탱하는 실상이 〈힘에의 의지들의 투쟁 상태〉다. 그가 〈존재의 수레바퀴는 영원히 돈다〉고 한 것은 〈힘에의 의지들이 계속 돌고 돈다〉란 뜻이다.

짧게 니체 사상에서의 중요한 개념들을 스쳐봤는데 우선 기독교회를 노예도덕의 생산지로 말하는 건 착각이다. 위에서 말했듯이 기독교회의 복음은 노예를 해방시키고 인권을 신장시키며 구원받아 영생 얻게 하는 큰 은혜다. 복음이 들어간 곳마다 인권, 민주, 해방, 자유의 역사가 일어난 것 아닌가.

지금의 선진적 문명은 기독교 문명이다. 성경에서 약자를 보살피는 건 구원의 은혜가 세상의 계급과 무관하게 입혀지는 은혜를 보이는 것이지 초인의 출현을 막거나 약자의 노예도덕을 만드는 게 아니다.

또 초인이란 건 니체의 허탄한 상념에 불과한 아이디어다. 인생에 초인이 어디 있나? 독재자나 무속인 사기꾼들에 준하는 이단 사이비나 출몰할 뿐 인간 세상에 시공간을 초월하고 원죄성(原罪性)을 극복해 낼 자 없다. 니체의 몽상에 불과한 생각이다. 그게 가치가 있으려면 니체 자신이 초인의 몰골을 보였어야할 것 아닌가.

그리고 영원회귀란 것도 피타고라스, 헬라클레이토스나 힌두교, 불교 등에서 윤회환생의 정보들 가지고 상상해 본 그림에 불과한 것일 뿐 아무 사실성이 없는 맹탕 이론이다.

세계는 윤회하거나 맹목적 반복이 없다. 하나님의 주권적 섭리 하에 심판과 구원의 날(오메가 포인트, Omega Point)을 향해 가고 있을 뿐이다.

힘에의 의지(권력의지)를 세계의 본질로 본 것도 착각이다. 세계는 복합적이고 다층적인 인과율(因果律)에 의해 운행되며 이 모두를 포괄하는 창조주 하나님의 절대적 주권에 의해 진행되고 있기 때문에 무슨 권력의지니 그런 편린(片鱗)을 가지고 설명이 안 된다.

니체는 목사의 아들로 태어났으나 5살 때 부친이 사망한다. 흔히 목회자의 자녀나 교회에 충성하던 자의 자녀로 교회에서 자랐지만 그 영혼이 구원받지 못한 채 나이 먹을 경우 교회에 원한 감정을 가지고 대드는 경우가 있다. 이것은 구원받지 못한 영혼에 사탄이 영향을 줘 교회를 비난하게 하는 케이스다.

니체가 교회 환경에서 자랐으나 영혼이 구원의 복음을 만나지 못한 채 성년이 돼 쇼펜하우어의 책을 읽고 반기독교 감정이 발단되면서 평생을 복음의 원수로 살았던 일생이었다.

그의 일생에서 구원의 복음을 거부하고 성경을 해치며 살아온 일생의 허무와 비극을 본다. 그의 모든 주장들의 배경에는 깊은 허무(nihilism)가 숨겨져 있다. 이 허무를 불교나 초인, 또는 영원회귀란 것으로 이겨보려 하지만 안 된다.

인간에게 소망이 있다면 니체가 저주하고 버린 그리스도의 십자가 대속 구원의 은혜뿐이다. 그가 신이 죽었다느니 우리가 죽였다느니 떠들어 댄 것도 구원받지 못하고 허무에 종속된 영혼의 괴로운 신음소리일 뿐이었다.

지만원 박사는 운명론자인가?

 어제 수감생활을 시작한 지만원 박사는 인사말에서,
"나는 팔자와 운명을 믿는 사람입니다. 누가 정해진 팔자를 거역하겠습니까?"라고 하였다.
 2년여 전쯤 안티다윈이 지박사께 잠깐 질문을 드렸었다.
 "518연구에 평생을 바치다시피 하셨는데 후회하지 않으십니까? 그 시간과 에너지를 다른 곳에 쓰셨으면 또 다른 업적이 나지 않았겠습니까?" 하는 요지였다.
 이때 지박사님은
"후회하지 않아요. 이게 나에게 맡겨진 운명입니다"라는 요지의 답을 하셨다.
 그래서 나는
"운명이라면 그럼 결정론을 믿으십니까?"라고 다시 질문했더니
"그렇습니다. 다 운명으로 결정됐어요." 하시기에
"그럼 그 결정론을 믿으시게 된 동기가 무엇입니까 인문적 독서와 사색에서 얻으셨습니까?" 했더니
"인생 살아보니까 그래요. 다 운명이고 결정된 대로 갑니다"라는 요지의 답을 하셨다. 평소 이미지와는 다르게 숙명론적으로 여겨질 말씀을 하셔서 예상 밖이었다.
 결정론(決定論, determinism), 운명론(運命論, fatalism), 숙명론(宿命論,

fatalism)은 혼용되기도 하고 약간씩 강조점에서 다르기도 하지만 인간의 행위를 포함한 모든 사상(事象, phenomenon)은 필연적인 법칙에 지배된다고 하는 입장에서 공통점을 지닌다.

세상에서 일어나는 사건의 진행은 미리 정해져 있기 때문에 인간의 의지와 지력(知力)은 이에 대해 무력함으로 그것을 어찌할 수 없다는 체념이 깔려있는 설이다.

이런 결정론에 반대하는 비결정론(非決定論, indeterminism)이 있는데 인간의 의지가 선행된 원인에 제약 당하지 않고 셀프로 인과(因果, cause and effect, Karma)를 만들어 낸다는 설이며 역사의 필연성도 인정하지 않는다. 이런 비결정론은 〈의지의 자유〉에 방점이 있는 이론이다. 강한 결정론이나 운명론에서는 〈의지의 자유〉를 인정하지 않는다. 그건 단지 착각일 뿐이고 만사는 결정되어 있는데 의지에게 자유가 있는 것처럼 속고 있다는 얘기다.

교부 아우구스티누스(Augustinus, 성인(354~430))도 우리의 자유 의지란 단지 심리적으로 느끼는 자유일 뿐 신(神, God)이 사용하는 도구일 뿐이라고 해서 결정론에 준하는 주장을 한다. 한편 칸트는 이러한 난점을 극복하기 위해 인과 관계의 지배를 현상계(現象界)에 한정시키고 본체로서의 자아(自我)는 현상계를 넘어서는 셀프 인과(因果)를 만든다고 보았다.

즉 현상의 세계에서는 인과 관계의 지배를 받지만 실천이성(實踐理性)에서는 자아로부터 인과 관계가 시작된다는 얘기인데 어렵기만 한 난제가 아닐 수 없다. 결국 〈의지의 자유〉를 인정하느냐 여부로 귀착된다.

이러한 결정론에도 〈기계적 결정론〉과 〈변증법적 결정론〉이 있어 서로 대립한다. 기계적 결정론은 우연의 존재를 인정하지 않고 필연성을 절대화하여 그야말로 세계가 기계처럼 설계된 대로 간다는 것이고 변증법적 결정론은 우연의 객관적 존재를 인정하고 우연과 필연, 필연과 자유의 변증법적 상호관계를 통해 사회나 개인이 목적의식을 가지고 변혁할 수 있다고 본다. 유연한 결정론이라고 할 수 있을까? 기계적 결정론은 모든 게 결정됐다고 보는 점에서 숙명론의 또 다른 이름일 수밖에 없다.

지박사께서 어떤 의미의 결정론을 가졌는지 알 수 없으나 말씀으로 봐 자유의지를 중요시하지 않으면서 개인이든 사회든 설계된 플랜을 따라 움직여지고 결말 되고 있다는 의식을 가지신 것으로 보인다. 그러기에 고생길인 518연구나 그 투쟁 모두를 자신에게 부과된 사명으로 여겨 싸우고 계실 것이다.

지박사님은 과거 오랜 기간을 교회 생활하였었고 지금도 아침에 일어나면 기도한다고 하시는 점으로 봐 그 결정론 형성에 교회 신앙이 영향하지 않았을까 여겨 본다.

애국의 큰 스타이신 지박사님께서 빨리 자유의 몸이 되셔서 더욱 힘차게 싸워주시기를!

이는 만물이 주에게서 나오고
주로 말미암고 주에게로 돌아감이라
그에게 영광이 세세에 있을지어다 아멘! [롬 11:36]

이성적=현실적, 또 현실적=이성적이란 명제

　　이성적(理性的)인 것은
　　현실적(現實的)인 것이고
　　현실적인(理性的) 것은
　　이성적(理性的)인 것이다

란 명제는 헤겔(Hegel)의 국가철학 역사철학에 중심적 위치를 차지하는 것으로 알려진다. 전북대학교 교수를 하셨던 최재희 선생은 1966년도에 『헤겔의 철학사상』이란 책을 내셨는데 그 책에서 무려 40쪽을 이 명제를 해명하는데 할애하고 있다.
　그 해석의 예들을

　좋은 현실주의다.
　나쁜 현실주의다.
　초 윤리적 신비주의다.
　신비적 통일이다.
　부단한 진보주의다.
　진보적 활동의 신념이다.
　보수주의와 혁신주의를 겸했다.

등으로 소개하고 있다. 그만큼 이 명제가 어렵고 다의적(多義的)

이란 얘기인데 저자 자신도 이 설들을 소개하는데 주력할 뿐 명료한 견해를 보이지 않고 있다.

연세대학교의 김균진 교수는 2020년에 『헤겔의 역사철학』을 냈는데 800여 쪽에 이르는 두툼한 분량이다. 이 책의 p.482~489에서 이 명제를 다루고 있다. 김교수는 이 명제를 정신의 자기 외화(外化, 내면의 본질적인 것이 외적인 현존재로 나타남)에서 찾아야 한다고 한다.

여기서 정신이란 절대정신(God)을 말한다. 하나님의 신적정신은 자기를 대상세계로 외화한다. 그래서 대상세계는 신적 정신의 현상(나타남)이다. 그러나 현실적인 것은 그 속에 부정성을 담지하고 있다. 그것은 신적 정신과는 다른 것 곧 타자이며 신적 정신 자체가 아니다. 신적 정신과 일치하지 않는 부정적인 것이 현실적인 것 속에 내포되어 있는 점을 강조하면서 김교수는 이 명제가 현실적인 것 속에서 이성적인 것이 실현되어야 한다는 당위성을 말한다고 본다.

여기서 모순이 생긴다. 절대정신이 자기를 외화시킨 게 현실세계인데 왜 부정성이 있는가? 그리고 이런 부정성을 덮고 현실적인 것을 이성적인 거라고 할 수 있단 말인가? 현실은 부정성, 곧 악과 고통 비극이 만연하지 않은가?

김교수는 헤겔의 부정성의 원리에서 볼 때 〈이성적인 것은 부정성의 부정〉에 있다고 한다. 부정적인 것이 부정될 때 현실적인 것이 이성적인 것으로 변화되는 변증법적 운동이 일어나게 된다는 것이다.

실존의 세계에는 이성적인 것과 완전히 일치하는 현실적인 것은 아무것도 없다. 모든 현실적인 것 속에는 '비이성적인 것'이 숨어 있다. 따라서 이성과 현실의 완전한 일치는 세계 어디에도 없다. 그것은 미래에 도달해야할 하나의 관념일 뿐이다. 그렇다면 이성적인 것이 현실적인 것이고 현실적인 것은 이성적이란 헤겔의 말은 무슨 뜻인가? 한마디로 그것은 현실적인 것이 이성적인 것으로 변화되어야 한다는 변증법적 당위를 가리킨다는 게 김교수의 견해다.

헤겔에 의하면 불완전한 것은 그 자신 속에 그것의 반대(Gegenteil)로서 실존한다. 그것은 지양되고 해소될 수밖에 없는 모순이지만 현실 원리로 엄존하고 있다. 이런 모순은 신학적 접근을 통해서 이해될 수밖에 없다.

신적정신의 발현이 현실세계인데 왜 부정성이 있는가? 이를 설명하는 텍스트가 창세기의 타락 사건이다. 창세기의 계시가 아니고는 이 현실에 들어온 악과 부정성을 이해할 길이 없다. 물론 헤겔의 시각으로는 창세기의 타락 사건도 모두 변증법적 절대정신의 발현으로 보겠지만 말이다.

김교수가 이 명제를 현실적인 것이 이성적인 것으로 옮겨가야 할 당위로 해석한 것에 만족할 수 없다. 이 명제는 현실적과 이성적이라는 양쪽의 함의를 모두 긍정하고 있기 때문이다. 부정성을 극복하라는 명제일 수만은 없다.

최재희 교수는 이 명제가 프로테스탄트적 기독교회의 신앙과 철학이 융합되었다고 본다면서 세계사가 절대정신의 현실적 생성이며 이런 전제에서 신(神)은 현실적이요 신(神)이 가장 현실적이며 신(神)만이 참으로 현실이라는 학설도 소개한다(최재희, p.163).

필자 안티다윈의 생각에는 이 명제가 약간의 범신론적 뉘앙스를 지녔다고 보인다. 물론 헤겔의 철학이 범신론일 수는 없다. 그러나 현상계를 비롯한 모든 존재세계가 절대정신의 자기 외화(外化)라면 부정성도 그 절대정신의 자기 의지의 발로인 것이다 (신학에서는 이를 '허용론'으로 설명한다).

헤겔에게서 악(惡)이란 실재하는 것이 아니고 단지 인간의 인식 속에만 존재하는 것이다. 인식이야말로 모든 악의 근원인 것이다. 인식이 악을 만드는 것이 된다. 그런 의미에서 부정성을 포함한 모든 현실적인 것이 다 이성적인 것으로 되는 구조이다.

헤겔의 역사철학이 로마서 11장 36절

만물이 주에게서 나오고
주로 말미암고
주에게로 돌아가는
체계에 토대하고 있음을 부인 할 수 없을 것이다.

그래서 이성적인 것은 현실적이고 현실적인 것이 이성적이란 명제는 존재세계의 모든 것이 절대정신의 자기 전개인 점을 전제하고 부정성을 내포한 현실까지도 이성적이란 선언이다. 그런 점에서 범신론적 인상을 준다는 말이다.

이렇게 헤겔에게는 모든 존재세계가 절대정신(God)의 자기 전개인 것이니까 악이나 부정성이 문제될 게 없지 않겠는가. 그건 인간의 눈에 비춰진 현상일 뿐이고 부정성을 포함한 모든 현실

세계나 현상계 자체가 절대정신의 발현이고 모략(devine wisdom)
인 것이기에 말이다.

　깊도다!
　하나님의 지혜와 지식의
　풍성함이여 그의 판단은
　헤아리지 못할 것이며
　그의 길은 찾지 못할 것이로다
　누가 주의 마음을 알겠느냐
　누가 그의 상담자가 되었느냐 [롬 11:33, 34]

제4부

의지는 누가 움직이는가?

신(神)은 곧 자연(自然)일까?

프리드리히 셸링(Friedrich Wilhelm Joseph von Schelling, 1775~1854 A.D)은 독일 튀빙겐에서 신학과 철학을 공부하고 라이프치히에서 과학과 수학을 공부했고 뷔르츠부르크대학에서 철학교수 생활을 했다는데 그의 철학은 스피노자의 범신론과 칸트 및 피히테의 철학에 기반을 둔 것으로 알려진다.

그는 신비가였던 야콥 뵈메(Jacob Bohme)를 많이 참고해 『신화와 계시에 관한 강의』를 썼는데 피터 러크만 박사는 그를 평해 "극도로 혼란된 진화론적, 영지주의적, 범신론적, 실천적 무신론자"라고 평하였다(Peter Ruckman, 『과학과 철학』). 그의 철학을 동일철학(同一哲學, identityphilosophy)이라고 하는데 이 동일철학은 스피노자 헤겔 셸링에게 공유되는 개념이다.

스피노자의 경우 정신과 물체는 양자가 실체 속에서 통일되어 있고 이때의 실체는 신(神)이고 신(神)은 곧 자연(自然)인 것이다. 헤겔의 경우는 절대정신(神)의 자기 전개가 곧 자연과 정신으로 나타난다고 한다.

셸링은 자연(自然)과 정신(精, 神), 비아(非我)와 자아(自我)는 절대자에게서 통일되어 있다고 본다. 이렇게 물질적인 것과 정신적인 것은 그 이상의 존재 속에서 통일되어 있거나 그것의 나타남(顯現)이라고 설명하는 철학을 동일철학 또는 동일설(同一說)이라고 한다. 셸링에게서 자연은 보이지 않는 정신이고 정신은 보이지 않는 자연이다. 헤겔은 세계가 변증법적 운동을 한다고 보는데 비해 셸링에게는 이런 운동이 없는 점이 두 사람 간 차이라고 알려진다. 셸링은 야콥 뵈메의 영향인지 절대자의 활동을 지적으로 직관할 수 있다고 하는데 비해 헤겔은 이를 거부한다.

셸링에게서 모든 문화와 문명 또한 제2의 자연이며 정신이 만든 생산물이다. 자연과 정신(精神)은 하나이며 신(神)은 세계 내에 있고 세계는 신(神) 안에 있다. 모든 사물 내에는 신의 정신 또는 생명력이 들어 있다.

무기물인 공기, 물 같은 것조차도 잠재적 신(神)의 생명운동으로써의 잠재적 힘을 가지고 있다. 세계는 신의 정신이 발현된 것이다. 자연은 곧 신적 정신이며 정신 내에서 자연은 통일된다. 이때의 정신은 곧 신이며 절대정신(Hegel)인 것이다. 그러므로 개별적 존재들은 모두 신적 정신으로 통일된다. 다양한 차이와 대립 양극성 모순은 모두 신의 정신 안에서 통일된다. 모든 존재자들은 신의 정신을 향해 하나로 나아간다.

셸링은 1775년 목사의 아들로 태어났고 15세에 튀빙겐대학에 들어가 1790년 헤겔과 같은 기숙사 안에 있으면서 횔덜린과 더불어 3총사로 불렸다고 한다. 1809년 부인이 죽고 헤겔도 1831년에 사망한다. 그러면서 실존적 고뇌도 많이 했다고 알려진다. 신적 정신과 동일한 생명공동체인데 왜 악과 죽음 고통이 있어야 하는가? 신의 실존이 인간의 실존인데 자유는 신의 통일성 내에 흡수가 안 되며 악은 끝까지 남는 것인가? 신성(神性) 내에 부정성(否定性)이 내포 되었는가? 이런 고뇌에도 셸링은 모든 현실성과 세계 내의 모든 비합리적인 것조차도 신(神)으로부터 파악되어야 한다는 점을 분명히 한다.

신(神) 안에 두 가지 동시적인 시원들을 전제한다. 신 안에 있는 하나의 가장 깊고 은폐된 것은 신 안에 있는 사실적이고 비의적(covert)인 것이며 신으로부터 분리될 수는 없지만, 분리될 수 없으면서도 구분되는 본질이라고 불렀다(이런 신(神) 안의 부정성 개념은 야곱 뵈메에게서 볼 수 있다).

자연 안에는 신의 자기 현시라고 해석되는 현상들 외에도 비합리적이고 우연적이며 혼돈과 무질서에서 나오는 수많은 것들이 혼재된다. 셸링은 이것들을 자연이 산출하는 힘이며 자기 스스로를 찢어버리는 광기(狂氣)이고 자연 전체의 얼굴에 나타나는 고통의 모습이고 모든 유한한 생명들에 붙어 있는 슬픔이라며 세계와 인류의 운명은 본질적으로 비극적인 것이라고 말한다(X1116이하, X1485 이하). 그는 이러한 고통의 과정을 '신(神)의 고통의 길'이라고 칭한다(X266). 신(神)은 자신의 운명을 지니며 변화와 고난의 과정을 갖는다. 즉자적으로 신적인 본질은 모순에 의해 찢겨져야 한다. 신의 낮아짐과 세계에로의 외화(外化, the divine manifestation)는 자기에게로 되돌아오기 위해 일어나는 과정이기 때문에 결국 그 외화는 자기 찢음이며 고통인 것이다.

셸링에게서 인간의 영혼은 신적 본질을 갖는다. 인간은 자기 존재의 본질에 따라 신(神)의 본질을 공유하는 존재다. 영혼은 인간 안에 있는 본래 신적인 것이다(V11 468). 전적으로 자기 자신으로 존재하는 영혼의 가능성은 동시에 전적으로 절대자 안에 존재하는 가능성이다(V1 51). 이것은 자연과 신, 인간을 통째로 동일화하는 데서 오는 인간의 신(神) 화(化)를 지향하는 사유다.

  동일철학이란 것을 셸링철학 중심으로 스쳐봤는데 목사의 가정에서 자란 셸링이 교회 신앙과 스피노자의 범신론을 흡수하고 야콥 뵈메의 신비적 직관까지를 포괄한 범신론인 셈이다. 그리스도교 신학에서는 포용하기 어려운 사유이다.

  기독교 신학은 피조물과 창조주를 혼동하거나 섞지 않는다. 창조주와 피조물 간 공유적 속성이 있으나 어디까지나 이것은 인간의 매우 단편적 차원에서일 뿐 아니라 공유적 속성이 있다 해도 철저히 구분된다. 이를 혼동해서 섞는 게 인간의 사변이고 그 절정이 범신론(汎神論, panthism)이며 이것의 종교 형태가 동양 종교들 특히 힌두교나 불교 자연주의 같은 케이스이다.

  창조주 성삼위 여호와 참신 외에는 모두 지음 받은 피조물인 것인데도 죄적 본성을 가진 이성으로 세계를 보면 셸링이나 동일철학 부류에 현혹당할 수 있다. 하지만 성경신앙에서는 우상숭배요 하나님 영광을 훼손하는 액션으로 간주된다. 인류 역사는 뱀이 인간을 신으로 만들어 주겠다며 유혹한 데서 시작된다. 이것의 현대판이 범신론이고 자연종교이며 동일철학인 것이다. 그리스도인은 이런 철학들을 참고만 할 뿐 수용해선 안 될 대상으로 여긴다. 성경은 우리 인간에게 주어진 유일한 형이상학이며 복음이고 세상의 종교와 과학 그리고 제반 지식들을 이겨내는 신성한 무기이다. 신(神)은 자연(自然)일 수 없고 자연(自然)도 신(神)일 수 없으며 인간 또한 영원토록 신(神)일 수 없는 유한자요 피조물이며 구원받아야할 괴로운 실존(實存), 그 이상도 이하일 수도 없는 존재자일 뿐이다.

악(惡)과 모순(矛盾)을 변증법(辯證法)으로 파악한 사상가

야콥 뵈메(Böhme, Jakob 1575~1624)는 독일의 신비주의 사상가로 알려지는데 제화공으로 생활하며 진정한 계시는 학식 있는 자보다도 오히려 어리석은 자에게 내린다는 신념으로 자유로운 사색을 통해 독자적 자연철학을 세운다. 그에 의하면 신(神)은 어둠이면서 빛이고 사랑이면서 분노이고 긍정과 동시에 부정이다.

이런 일체의 모순 대립을 포괄하는 '영원한 정지'가 신의 본성이고 이 신(神)은 자기를 부(父), 자(子), 성령(聖靈)의 3위로 전개하고 나아가 자기의 내부에서 계속해서 움직이고 부단히 운동을 계속하므로 갖가지 변증법적 세상을 전개한다고 한다(Great Philasophy Dictionary of Chung Sa).

그에 의하면 자연(自然)은 항상 신(神)적인 힘들을 산출하려는 강한 갈망을 지니고 있다. 자연 전체는 신(神)의 신체(身體)이며 신(神)으로부터 부여 받은 생산력과 일체의 힘들을 내부에 지니고 있다. 그는 『신적 존재의 3원리』에서 선악 개념을 극복하고 고통이나 모순 분노를 현실적인 운동의 출발점으로 본다. 사물 속에 모순이 현존한다는 전제로 자연에는 신적인 평온을 발견할 수 없으며 공허한 노여움과 광란과 분열 공격적 파괴 증오가 편만하다. 이러한 현상은 도덕적으로만은 파악할 수 없고 사물의 활동 자체인 고통으로 해석해야 한다(존재는 고통으로 존재한다). 이렇게 존재세계의 고통과 모순은 본래적인 것이 된다.

모순이 현실의 모든 현상들의 필연적 계기로 작용되며 사물의 운동에는 필연적으로 고통이 수반되는 게 세계인 것이다. 뵈메에 의하면 악(惡)이 존재세계를 구성하는데 필요한 것이며 우주적 하모니를 이루기 위해 우발적이고 파괴적인 것들도 발생하게 되고 또 필요하게 된다(The encyclopedia of Philosophy volumes 1). 이렇게 뵈메에게서는 우주 내에서의 악(惡)이 긍정되며 부정적 요소가 아닌 게 된다. 그에 의하면 이 세계는 현상(現象)과 신(神)의 계시(啓示)로 이뤄졌으며 가시적 세계는 불가시적인 영적세계의 숨결이며 형상이고 징표이다. 인간 지성의 임무라면 비물질적 우주의 본질인 영원한 자연[神]을 탐구하고 찾아내는 것이다. 창조는 영원한 자연인 하나님이 자신을 내 보인 것이며 하나님의 중심 의지[욕망]에서 나온 것이 세계이다.

하지만 피조물 즉, 자연은 신(神)은 아니다. 가시적인 외적 세계는 단독이 아닌 배후의 본질 세계와 연관되어 있고 현상계의 모든 것은 영과 의지의 깊은 뜻을 담고 있으며 작은 조각 하나도 예외가 아니다. 인간의 영혼은 피조물이면서도 본질상 하나님으로부터 나온 것이고 근원이 같기 때문에 하나님은 인간의 본 고향이며 진원지이다. 그러므로 영혼은 고향 찾아 쉬고 싶어한다. 이것이 종교 본능인 것이다. 소우주인 인간이 영원한 자연인 하나님을 찾을 수 있는 유일한 장소는 바로 인간의 영혼(靈魂)이다.

뵈메의 영향은 퀘이커 교도들에게 크게 영향을 주었으며 셸링(Shelling)과 헤겔(Hegel)에게 감명을 주었다고 알려진다. 헤겔은 뵈메에게서 변증법(辨證法)의 요소를 발견했고 마르크스는 뵈메의 신비주의에도 불구하고 그를 모순을 운동의 원리로 파악한 변증법 형성에 불멸이 기여를 한 사상가로 평가한다고 알려진다(『철학대사전』 한국 철학사상 연구회).

뵈메의 사상을 간단히 스쳐봤는데 그의 신관(神, 觀)에는 일반적으로 찾아 볼 수 없는 요소가 바로 신성(神, 性) 내에 부정성과 모순 그리고 악의 요소를 내포한다고 보는 점이다. 그리고 뵈메는 성부 성자 성령으로 분화되면서 변증법적 운동을 일으켜 세계를 운동하게 한다는 변증법적 세계관이다. 그리고 인간의 영혼(靈魂)은 신을 만날 수 있는 통로가 된다는 점이다.

이러한 그의 사상 안에는 그리스도의 구속과 중보를 통한 하나님과의 화해와 구원의 은총이 잘 보이지 않는다. 필자의 과문(寡聞) 탓일 수도 있겠지만 그의 중심 사상에 그리스도의 구원의 복음이 클로즈업 되지 않음은 사실일 것이다. 또 신성 내에 모순과 악 고통이란 부정성이 내포된 것으로 여기는 사유는 성경의 도그마에서 수용하기 어려운 사변이다.

인간이 영원자이신 하나님을 만나고 구원에 이르려면 반드시 그리스도의 중보와 구속의 은혜와 함께 오는 성령의 감화가 필수이다. 그냥 셀프로는 하나님을 만날 수 없다는 게 교회신앙이고 성경의 도그마이다. 뵈메는 신비가로서 세계의 본질을 탐색하는 데 열심을 기울인 사람이고, 변증법의 사람이며 악과 고통 모순도 궁극적 원인자로부터 유래한다는 결론에 이른 구도자이다. 그리스도교의 역사에 나타난 신비주의 운동의 한 분야로 참고할 콘텐츠라 여겨본다.

세계는 결정되었는가?

　세계를 이해하는 하나의 방식인 예정 조화(豫定調和, preestablished harmony)설은 특히 라이프니츠(Leibniz, 1646~1716)의 사상에서 중요한 주제이다. 이때 예정조화는 인과(因果) 관계를 포함한 모든 사물에 내재해 있는 질서를 말한다. 모든 사건들은 신(神)이 그렇게 설계했기 때문에 서로 조화를 이루어 어김없이 진행된다는 학설이다. 일종의 결정론적 사변인데 인간 존재는 태어나기 전이나 태어날 때 이미 신(神)의 알 수 없는 뜻에 따라 그 인격적 특성이 미리 결정됐을 뿐 아니라 죽은 후의 상태까지도 공과(功過)와 상관없이 미리 결정되어 있다는 예정설(豫定說)이 특히 아우구스티누스(Augustinus)와 얀센주의(Jansenismus) 칼빈(Calvin) 루터(Luther)에 의해 발전되었다.
　라이프니츠는 모든 사물들이 보편적으로 조화를 이루고 있다는 사실이 신의 존재를 증거한다고 보아 어떠한 교류도 없는 그 많은 실체들이 완전한 조화를 이룬다는 사실에 큰 감명을 받는다. 이 조화야말로 명확한 신(神)의 존재를 보여준다고 믿었다. 그는 현실에 존재하는 것들을 분석해 가면 그 이상 분할할 수 없는 연장을 가지지 않는 실체에 도달하게 되는데 이것을 단자(單子) 즉 모나드(Monad)라고 한다. 이 단자는 점(點)이고 동시에 힘이며 힘의 중심체이고 정신이며 개체이다. 이것들은 자연의 진정한 원자이자 사물들의 원소이며 힘 또는 에너지다. 라이프니츠에 의하면 물질은 사물의 제1 구성 요소가 아니다. 그 대신 힘의 요소를 가진 단자가 사물들의 근본실 실체를 구성하고 있다.

그런데 외부와 어떤 교통도 없는 단자들이 어떻게 세계의 전체적 조화를 이뤄낼 수 있을까? 여기서 라이프니츠는 시계의 비유를 들면서 두 시계가 똑같이 바늘을 움직여 가는 것은 그것들이 미리 정교하게 가공되었기 때문이라는 것이다.

이른바 예정조화론이다. 신(神)은 단자들이 각각의 법칙을 지켜나가되 결국 전체적으로는 완전하게 일치에 도달하도록 설계해 놨다는 것이다. 인간의 경우도 영혼은 사유(思惟)원리에 따라 작용하고 육체는 자연법칙에 따라 움직이지만 결국 한사람 가운데 두 가지가 조화를 이룬다.

라이프니츠에게서 단자는 참된 실체이고 〈정신〉이다. 각각 그 자신의 창조된 목적에 따라 행동한다. 이 단자들은 자신에게 주어진 목적을 따라 질서정연한 우주의 통일체를 형성한다. 각 단자가 서로 분리되어 있을지라도 그들 각자의 목적은 대규모의 조화를 이룬다.

〈음악가들의 여러 악기와 합창단〉에 비유할 수 있는데 그들은 제각기 연주하며 제각기 자리에서 연주하기 때문에 서로를 듣지도 보지도 못하지만 그들 자신의 악보를 따라 완전한 화음을 이룸으로써 듣는 이에게 그들 사이에 무슨 연관이 있는 것 아닌가 느낄 정도로 놀라운 조화를 이룬다.

라이프니츠에게서 이러한 사물들의 보편적 조화라는 사실은 〈신(神) 존재에 대한 증거〉였다. 〈서로 어떠한 교류도 없으면서 그 많은 실체들이 완전한 조화〉를 이루는 건 바로 신의 존재를 보여 준다. 이러한 조화야말로 단자들의 우연한 배열의 산물이 아니고 신(神)의 활동 결과이며 따라서 모든 단자들의 활동은 예정되어 있다.

예정 조화를 이해하기 위해 라이프니츠의 단자(Monad)를 잠깐 살펴봤는데 그는 이러한 조화로움이 신(神)의 예정에 의한 것이며 신은 조화를 행하면서 모든 가능한 세계 가운데서 최선의 세계를 창조했다고 주장한다. 그는 이 조화(調和)를 통해 악(惡)과 무질서도 창조의 개념과 양립시킬 수 있다고 생각했다.

창조된 세계는 제약을 받고 불완전한 사물로 구성되어 있다. 그 이유는 창조자가 피조물에게 모든 것을 완전하게 부여했다면 그것은 신(神)이 될 수밖에 없기 때문이다. 그러므로 모든 것들에게 제한이 주어져야 한다. 악(惡)의 원천은 신이 아니고 신(神)이 창조한 사물들의 본성 자체이다. 따라서 악(惡)은 본질적인 것이 아니고 단지 완전성의 결여인 것이다. 이렇게 라이프니츠에게서 악(惡)은 결핍인 것이다.

우리가 달콤한 것만 먹고 다른 것을 먹지 않으면 다른 맛을 모르듯이 맵고, 쓰고, 신 것도 섞어 먹어야 하는 것처럼 자체적으로 악(惡)인 것처럼 보이는 사물들도 선을 위한 필요조건이 된다. 이렇게 모든 것의 예정조화를 말하는 라이프니츠는 신(神)이 각각의 단자 속에 특별한 목적을 부여함으로써 질서정연한 배열을 예정조화한다는 결정된 세계라면 어떻게 자유가 있을 수 있을까? 각각의 단자들은 내정된 목적을 전개시키고 있는데 이는 태초에 주어진 삶을 기계론적으로 전개해 가고 있다. 하지만 사람의 근본적인 본성은 사유(思惟, Reason)이기 때문에 삶을 통한 그의 발전 과정에서 자유란 그의 의지력도 선택의 능력이 아닌 자기 전개이다. 그러므로 비록 사람이 특정한 방식으로 행위를 하도록 결정되어 있더라도 행위를 결정하는 것은 자신의 내적 본성이지 외부의 힘에 의한 것은 아니다.

이런 의미에서 자유는 인간이 방해받지 않고 예정되어 있는 존재가 되려는 능력을 말하며 또한 인간의 지식이나 대상 또는 환경의 복잡 혼란함을 명확하게 정리해서 행동하는 것을 말한다. 결국 〈자유(自由)란 자신에게 심기워진 내적 본성의 구현을 위한 능력과 의지〉이며 이 자유의 구현은 〈자신의 의식과 대상 또는 환경이 주는 복잡성을 정리하고 행위하는 과정〉을 말한다.

즉 자유라고 하지만 〈자신의 본성에 심겨진 것을 행위하는 것〉이란 얘기다. 그가 강조하는 것은 기계와 같은 우주의 개념, 즉 정신적인 기계적 결정론이다. 결국 라이프니츠의 설명은 기계론적인 결정론에 가깝다. 단자들은 서로 독립적이며 영향을 미치지 않으면서도 〈신(神)이 창조를 통해 태초에 부여한 원초적 목적에 따라 행동〉하기 때문이다.

이러한 라이프니츠의 예정조화 사상은 일종의 변신론(辨神論)으로 기여하고 있다. 세계가 신(神)에 의한 예정조화이며 악(惡)의 존재도 세계 전체의 선한 질서를 위해 필요한 것이고 존재하는 모든 세계와 개체들은 외부 원인이 아닌 각 〈단자들에게 주어진 영구히 고정된 내적 본질에 따라 움직여지는 세계〉인 것이다. 존재하는 실체들은 이미 그것들의 장래 행위를 포함하고 있다.

사실들의 세계는 모든 현존 가능자들의 집합이다. 하필이면 다른 사물이 안 되고 지금의 사물로 존재하게 되었는가. 지금의 나는 어떻게 다른 것이 아닌 지금의 나로 존재하는가에 대한 참된 원인은 〈신(神)의 의지의 자유로운 결정〉으로부터 비롯되었다. 라이프니츠에게서 악(惡)은 발전의 추동력이고 이 악과 불의(不義)는 극복될 수 있는 불완전성이고 우연적인 것도 우리에게 우연으로 보일 뿐 필연(必然)의 변양(變樣, 모양을 바꿈)에 불과한 것이다. 육체(물체)와 영혼(정신)은 근본에서 다른 게 아니고 단지 다르게 전개되는 것일 뿐이다. 물질을 단지 영혼의 타(他)존재로 보고 합성된 물체들의 근저에는 통일적인 것을 다양하게 표현하는 분리가 불가능한 단자들이 놓여있다고 생각한다.

세계를 이해하는 하나의 방식인 라이프니츠의 예정조화론을 스쳐봤는데 기독교적 세계관에 기초한 변신론이고 신정론(神正論, theodicy, 신(神)의 의로우심을 변증하는 이론)적 성격이다. 그에 의하면 인간도 단자로 구성돼 있고 신(神)이 단자에 입력해 놓은 그 예정적 조화 섭리에 따라 움직이고 있으며 자유의지의 실현도 결국 그 신의(神意)를 구현하기 위한 작용인 셈이다. 아우구스티누스가 인간의 자유의지도 심리적으로만 자유이지 그 의지 자체가 하나님의 도구일 뿐이라고 한 것과 같은 맥락일 것이다(라이프니츠 관련 자료들 참조함).

바람의 길이 어떠함과 아이 밴 자의 태에서
뼈가 어떻게 자라는지 네가 알지 못함 같이
만사를 성취하시는 하나님의 일을 네가 알지 못하느니라
[전 11:5]

신(神)은 인간의 행동을 간섭하는가?

　인간의 정신은 단독으로 작용하는가 아니면 신적 개입이나 간섭이 있는가. 그리고 정신과 육체는 상호 어떻게 관계하는가. 기회원인론(機會原因論, occasionalism)은 이 문제에 대한 학설인데 이 설을 우인론(偶因論)이라고도 부른다.
　데카르트는 물(物)과 심(心)의 이원론을 주장하면서 뇌의 송과선(松果腺, pinecone)이란 것에서 정신현상이 발생한다고 보았었다. 이러한 문제를 해결해 보려는 시도가 기회원인론인데 물(物)도 심(心)도 서로 달리 작용하는 원인이 될 수 없고 신(神)만이 유일한 참된 동력이다. 결국 신체의 자극이 정신의 감각을 발생시키는 원인이 아니고 정신적 의지의 작용이 신체에 영향을 줘 운동을 일으키는 것도 아니며 이것들은 계기에 지나지 않는, 즉 기회원인이 될 뿐이고 이들을 통해 진정한 원인인 신(神)의 작용이 존재한다고 하는 견해이다.
　이 이론의 대표자인 말브랑슈(Malebranche, 1638~1715)는 세계의 모든 사상(事象)의 유일한 작용자를 신(神)이라고 하면서 피조물은 단지 신(神)의 이러한 작용의 기회인(機會因)일 뿐이라고 한다. 이러므로 우리의 인식은 신(神) 안에 있는 관념을 매개해서만 성립할 뿐이며 〈우리는 만물을 신(神) 안에서 본다〉는 명제가 성립된다. 이 인식론은 아우구스티누스의 신학과 데카르트의 철학을 결합시킨 것이라고 말해지기도 한다. 신(神)은 보편적 이성을 자기의 본질 속에 포함하고 있다. 따라서 우리의 마음과 육체가 상호 작용할 때 의지에 의해 손이 움직이는 것이 아니고 의지는 신(神)이 손을 움직이도록 기회를 준 것에 불과하다고 간주한다. 연장을 갖지 않은 정신과 연장(延長)을 가진 육체는 직접 상호 작용하지 않으며 직접 상호 작용하는 듯한 현상은 신(神)에 의해 된 것이다. 결국 정신과 육체 사이의 모든 상호 작용을 신(神)이 매개한다고 보는 것이다.

신(神)은 정신의 의지가 작용하는 것을 기회로 육체를 움직이고 육체가 다른 물질 대상과 부딪히는 것을 기회로 정신에 생각을 불어 넣는다. 예로 사과를 갖고 싶다 라는 욕구를 행동으로 옮길 경우 정신이 육체에 직접 작용하는 게 아니고 그가 행위를 하려는 의지를 기회로 삼아 신(神)이 그의 팔을 뻗게 한다. 또한 그의 손이 사과를 집을 때 사과는 그의 정신에 직접 작용하지 않고 사과의 접촉을 기회로 신(神)이 그에게 사과의 맛에 관한 생각을 준다.

데카르트에게서 육체는 수동적이고 사유(思惟)하지 않는 연장(延長, 공간을 점유함)인데 반해 정신은 능동적이고 연장을 갖지 않은 사유(思惟)이다. 그런데 이들이 어떻게 상호 작용하는지, 즉 어떻게 연장(延長, extension)도 갖지 않은 정신의 생각들이 육체에 영향을 끼치며 육체적 충동이 어떻게 생각을 만들어 내는가 하는 문제가 생긴다. 앞서 말했듯 데카르트는 뇌 깊숙한 곳의 송과선에서 이 일이 발생한다고 했지만 어떻게 상호 작용이 일어나는지에 대한 답변일 수는 없다.

이에 대해 기회원인론자들은 창조되지 않은 근본실체인 신(神)이 양자를 매개하여 상호 작용이 직접적인 것처럼 나타난다고 주장한다. 17C의 플라톤주의자들 중에는 이 기회원인론을 비판하면서 정신적 실체인 신(神)이 어떻게 물질적 실체인 육체에 영향을 주냐고 지적한다. 이에 대하여 기회원인론은 신(神)이 상호 작용 자체를 창조했다고 답한다. 여기서 라이프니츠(Leibniz, 1646~1716)의 예정조화(豫定調和, Predestination)설도 인용된다. 그의 단자(單子, Monad)론은 그의 형이상학을 대표하는데 이것은 넓이나 모양도 없으며 분할할 수도 없는 단순한 실체인데 이것이 무수하게 모여 세계를 이룬다.

최고의 모나드가 신(神)이며 모나드는 신(神)의 뜻에 의해서만 창조되고 소멸된다. 신(神)이 모나드 간에 서로 연락하고 조화가 있게 미리 예정해서 예정조화되도록 창조했기 때문에 상호 작용하는 것이다. 우리 눈에는 모두가 서로 셀프로 상호 작용하는 것처럼 보이지만 정신과 육체의 상호 작용도 신(神)의 예정조화에 의한 것이 된다.

기회원인론의 대표격인 말브랑슈는 척추병으로 평생 고생한 사제로 알려지는데 그의 모토가 〈신(神) 안에서 모든 것을 본다〉였다. 데카르트(Descartes, 1596~1650)의 철학을 아우구스티누스의 사상과 네오 플라톤(Neo-Platon)을 종합한 것으로 평가된다. 신(神)의 피조물인 물체와 정신의 상호 작용을 셀프운동으로 인정하지 않고 어디까지나 그 작용 원인으로서의 운동변화의 기회가 오직 신(神)에 의해서 일어난다고 봐 모든 개별적인 운동의 원인은 진정한 원인이 나타나는 기회에 불과하며 그 진정한 원인은 신(神)

에게만 있다는 이론이다.

　말브랑슈는 우리가 자연적 인과 관계라고 생각하는 것도 사실은 모두가 기회원인의 결과에 지나지 않으며 모든 순간에 신(神)의 개입이 일어난다고 본다. 우리가 무엇을 해야 할 필요를 느낄 때 그 필요의 이유도 함께 생성된다. 이때 이유를 발생시키는 원인이 신(神)인 것이다. 신(神)은 내가 어떤 의지를 품는 것을 기회로 삼아서 내 손을 움직이며 내 안에 그에 부합한 표상이 생겨나게 한다. 모든 이유는 우연한 것으로 보이지만 이유를 발생시키는 원인이 신(神)인 것이다.

　기독교인들은 천지만물을 하나님이 주장하시고 생사화복은 물론 참새 한 마리 떨어지는 것도 신(神)의 의지와 무관치 않다는 신본절대주의(神本絶對主義) 세계관을 가지고 있다. 이 기회원인론은 교회 역사에서 신본적(神本的) 세계관 형성을 위한 신학적 시도였기에 한 번 참고해 본 글이었다.

　진실로 생명의 원천이 주께 있사오니
　주의 빛 안에서 우리가 빛을 보리이다. [시 36:9]

악과 고통의 문제에 대한 접근 시도

- 이 글은 어느 학자 분이 악과 고통의 문제를 질문해 주신 글에 대한 답변입니다.

선생님이 제기하신 문제에 대한 충족적 답일 수는 없겠습니다만 헤겔적 사유를 잠깐 스쳐보겠습니다. 헤겔(Hegel)은 하나님의 이데(Idee, 이념)가 변증법적으로 자기를 전개하는 과정을 〈절대정신〉으로 표현하고 이 세계를 절대정신의 자기 전개로 보았습니다. 역사와 시간도 이 절대정신의 자기 전개의 운동이요 과정인 것입니다. 그에 의하면 모든 존재세계는 변증법적 운동을 하고 있으며 이 운동은 절대정신의 자기 전개의 방식인 것이 됩니다.

그래서 헤겔에겐 악이나 고통이 사실상 실재로 존재하는 것이기보다는 우리 인식 속에서만 발생하는 개념이 되고 맙니다. 악 고통 모두는 우리 인식에서만 악이고 고통이며 이 또한 절대정신의 변증법적 자기 전개에서 필연적으로 발생할 수밖에 없는 현상이 됩니다. 참고로 아우구스티누스(Augustinus)의 경우는 악과 고통을 선의 결핍으로 보았습니다.

헤겔(Hegel)의 경우는 고통과 악은 결국 절대정신의 자기 이데(Idee)를 구현 전개하는데 필수가 되는 셈입니다. 고통이나 악은 안티테제로 신테제를 이루기 위한 필연적 운동이 됩니다.

로마서 11장 36절의 만물이 주에게서 나서 주로 말미암고 주에게로 돌아가는 과정을 철학화한 이론이라고 보겠습니다.

헤겔에게서 인류 역사의 끝은 절대정신의 도래가 최종 단계이며 이를 통해 인간이 완전하게 자유로워지며 이성과 도덕성을 극대화한 상태에 도달한다고 보았습니다.

헤겔의 이론을 참고했을 뿐 존재세계의 본질적 현실(reality)을 파악하는 건 우리 인식 영역을 넘어서는 사태이겠습니다. 악과 고통의 문제는 더욱 신비이겠습니다. 피조물이고 유한자이며 죄성(罪性)을 담지한 인생은 창조주요 전능하신 성삼위 하나님께 철저 의존하여 그분께 존재를 위탁할 수밖에 없는 한계상황 속 존재이겠습니다.

욥에게 발생한 고통도 절대정신의 변증법적 사태였다고 해야 할까요? 욥이 결국 고난 후 갑절로 축복을 받은 것을 역사의 최종 단계를 낙관해 보는 메타포로 여겨보기도 합니다. 절대정신의 자기 전개라는 헤겔적 사유를 통해 음미해 보는 편린일 뿐이었습니다.

선생님의 귀한 문제 제기에 감사드립니다.

낭만주의의 도전 정신

낭만주의(浪漫主義, romanticism는 18~19세기 초)에 유럽서 발전한 예술적 문화운동인데 개인의 감정과 자유, 자연의 미(美)나 상상력 창의력 등을 중요시한다. 이성과 규율, 질서 등에 중점을 둔 계몽주의에 대한 반발이며 감정과 열정 개인의 자유와 자율성을 강조하고 사회적 제약과 규범에 도전한다. 전통적 관습과 습관에 대해 비판적이며 이성을 찬양하는 계몽주의에 반대하는 운동이다.

계몽주의가 이성주의여서 질서 지음과 규율에 익숙한데 비해 낭만주의적 예술가는 자유롭다. 그들은 세계를 넘나드는 상상력을 지니고 있어 예술적 무아지경에서 꿈과 현실의 경계가 무너지는 체험을 하곤 한다. 칸트는 이성의 한계를 강조했는데 이 낭만주의를 토대로 한 예술 경험에서는 이런 칸트의 경계가 무력해진다. 이 낭만주의는 히피문화나 지금의 포스트모던을 산출하는 토양이 되기도 한다.

계몽주의의 절정인 칸트의 인식론에서 신(神)은 인식할 수 없는 대상이다. 생각으로만 존재를 그려볼 수 있지 인식 불가능하기에 그는 도덕이성으로 신의 존재를 인정하려 하거나 요청적으로 신(神)을 상정할 뿐인 사실상의 회의론(懷疑論)이다.

하지만 낭만주의는 실제로 자연에 대한 동경과 자연신비주의

(自然神秘主義)라고 할 정도의 특징을 가지고 자유를 향유하면서 신앙적 경험에서도 현실세계와 이성의 한계를 넘어서려 한다. 이성의 한계를 떠나 자연과 인간 내면 그리고 상상의 세계를 넘나든다.

가장 낭만주의 철학자였다고 할 프리드리히 셸링(Schelling, 1775~1854은 (목사의 아들))은 심지어 〈물질과 정신의 분리를 극복〉하려고 했는데 그에 따르면 〈전체 자연, 즉 사람의 영혼은 물론 물리적 현실도 신(神)이나 세계정신(世界精神)의 표현〉으로 보려했었다.

그는 〈자연은 볼 수 있는 정신이고 정신은 볼 수 없는 자연〉이라고 하면서 〈물질을 정지 상태에 있는 지성〉이라고까지 한다. 자연 속에서 세계정신[신(神) 개념]을 보았고 〈사람의 의식 속에서도 그 세계정신〉을 보았으며 〈자연과 사람의 의식은 동일〉하다고도 하였다.

윌리엄 브레이크(William Brake, 1752~1827)도 영국의 낭만주의 작가였는데 교회는 잘 안 나갔지만 성경을 사랑했으며 신비적 환영을 보고 교회 신앙과 관련된 신비적 시작(詩作)을 했었는데 스티브잡스가 이 사람에게서 영감을 얻는다고 알려지기도 한다. 이분의 시중 〈순수의 전조〉 중 일부가 회자되곤 하는데,

Auguries of innocence To see a world in a Grain of send And a Heaven in the wild flower, Hold infinite in the palm of your hand and Eternity in an hour.

순수의 전조

한 알의 모래에서 세상을 보고
한 송이 들꽃에서 천국을 보기 위해
그대 손바닥 안에 무한을 쥐고
한 순간 속에서 영원을 소유하라.

이 시는 작은 것 속에서도 세계의 신비와 신적 계시를 만나는 경험을 노래한 것으로 알려진다. 계몽주의적 이성주의가 설정한 규율과 질서 지음의 틀을 깨고 자유로운 상상력과 직관의 형식을 통해 신적 영역에 다가가려는 낭만주의를 스쳐봤다.
하나님의 창조세계는 신비로 가득하다. [시 14:1]에는

[어리석은 자는 그 마음에 이르기를 하나님이 없다하는 도다] 하셨다. 그리스도 안에서 구원받고 성령의 감화 속에 사는 영혼은 도처에서 신적 질서와 계시적 스피릿들을 경험한다.

내가 여호와를 항상 내 앞에 모심이여
그가 나의 오른쪽에 계시므로 내가
흔들리지 아니하리로다. [시 16:8]

신유물론

 신유물론(新唯物論, neo-materialism)은 20세기 후반부터 등장한 철학이론인데 물질과 비물질, 자연과 문화, 주체와 객체 등의 이분법적인 구분을 넘어서보려는 시도인데 유물론과는 달리 물질과 비물질을 비롯한 모든 것들이 서로 연결되어 있고 상호 작용한다는 것을 강조하는 이론이다.
 스피노자의 범신론적 사유를 연장시키거나 변용한 형태라고 봐 무방할 것이다. 유물론이 물질이 자기 내부의 힘이나 역량이 없이 외부의 영향을 받아 작용하고 변화한다는 것이고 수동적이며 무력하고 비창조적인 것으로 여겨졌다면 이 신유물론은 이런 가정을 정면으로 반박한다. 물질의 작용과 변화는 외부에서 오는 영향만으로 결정되지 않으며 물질이 자신의 역량을 능동적으로 발휘함으로써 작용과 변화를 일으킨다고 보는 입장이다.
 즉 물질 자체가 능동성과 창조성을 가졌다는 얘기다. 예로 물 분자(H_2O)를 사례로 든다면 물 분자들은 기체 상태와 액체 상태에서는 병진운동과 회전운동을 하며 고체 상태에서는 진동운동을 한다. 이런 운동은 외부의 영향을 받은 게 아니고 분자들 사이의 인력(引力)과 척력(斥力, 밀어내는 힘)을 통해 일어나며 이런 인력과 척력은 분자 내부 이온들 사이에서 생성되는 전자기력에 의해서 생긴다고 한다.

그러니까 내부에서 생기는 힘이 물 분자들을 움직이게 하는 것이다. 이런 자기운동은 생명의 최소 단위인 세포에서도 발견된다고 한다. 세포의 대사 활동은 세포를 구성하는 분자들이 서로 협력하여 에너지를 만들어 내는 활동이다. 동시다발로 일어나는 무수한 화학반응으로 격렬하게 움직이는 세계가 세포들의 세계라고 한다. 이렇게 분자들의 능동적이고 창조적인 특성에 주목하면 물질을 '행위 하는 자'라고 불러도 이상할 것이 없다는 게 신유물론자들의 생각이다.

계몽주의에 반대하는 낭만주의(浪漫主義, romanticism)는 자연을 동경하며 자연신비(自然神秘)주의적 요소도 있어서 현실세계와 이성의 한계를 넘어서려는 경향이 있다. 이들은 물질과 정신의 분리를 극복하려 하고 사람과 자연 영혼이나 물리적 현실도 신(神)이나 세계정신(世界精神)의 표현으로 보는 경향을 가진다. 그래서 그들은 '자연은 볼 수 있는 정신이고 정신은 볼 수 없는 자연'이라고도 규정한다. 심지어 자연도 의식을 가지고 있으며 '자연의 의식과 인간의 의식은 동일하다'고도 한다.

존재세계의 신비는 끝이 없다. 범신론(汎神論), 범재신론, 물활론(物活論) 등 인간이 물질과 자연을 파악하려는 시도는 지속적이지만 이성의 한계 안에서는 만족한 답을 얻을 수 없다. 창조주이신 하나님의 계시에 집중해야 한다.

성경 창세기를 비롯한 66권의 말씀은 인간과 존재세계의 전모를 밝히는 유일한 계시이다. 성경을 떠나서는 이 세계의 기원과 생성소멸을 설명할 도리가 없다. 필자는 청소년기에 자연이 메시지 전하는 것을 경험했다. 그리고 만유는 창조주 하나님의 자기 계시이며 모든 존재자들은 유기물 무기물 할 것 없이 하나님이 맡기신 일과 운동을 하고 있음을 볼 수 있었다. 모든 존재하는 것들 풀 한 포기 시냇물까지도 함께 하나님의 일을 수행하는 중인 것이다.

> 하늘이 하나님의 영광을 선포하고
> 궁창이 그의 손으로 하신 일을 나타내는 도다 [시 19:1]
> 땅과 거기에 충만한 것과 세계와 그 가운데에
> 사는 자들은 다 여호와의 것이로다. [시 24:1]

의지는 누가 움직이는가?

그리스도인들이 하나님을 만유의 주로 믿으며 천지만물이 그분에 의해 경영되고 있음을 고백하면서도 막상 어떻게 하나님이 만유를 주관하고 계신가에 대한 지성적 설명은 어렵게 느껴진다. 전에도 이 주제를 다룬 적이 있지만 기회원인론(機會原因論, occasionalism, Okkasionalismus)이란 학설이 있다. 이 설을 우인론(偶因論) 신(神)이라고도 하는데 인간의 의지를 움직이는 분이 하나님이심을 증거하는 데 사용되는 이론 중 하나이다.

데카르트(Descartes)는 서로 독립적인 물(物)과 심(心)의 이원론을 주장했는데 이들 양자 간의 관계가 어떠한가라는 어려운 문제에 봉착한다.

이것을 해결하기 위한 시도가 기회원인론인 것이다. 기회원인론에 의하면 물(物)도 심(心)도 서로 달리 작용하는 원인이 될 수 없고 신(神)만이 유일한 참된 동력이다. 신체의 자극이 정신의 감각을 발생시키는 원인도 아니고 정신적 의지 작용이 신체의 운동을 일으키는 원인이 아니다. 이것들은 도구요 계기일 뿐, 즉 기회의 원인으로 될 뿐이고 이들을 통하여 진정한 원인인 신(神)의 작용이 존재한다는 이론이다. 따라서 인간은 자신의 의지로는 아무것도 할 수 없고 신의 작용을 기다리고 따라야 한다는 논리다.

신(神)의 피조물인 물체에 있어서나 정신 모두 할 것 없이 스스로의 작용으로 되는 게 아니고 그것들은 모두 신(神)의 의사에 따라서 운동하고 변화하는 기회가 주어진다. 따라서 우리의 신체에서도 마음과 육체가 자기들대로 상호 작용한다는 것이 아니며 의지에 의해 손 같은 신체가 움직여지는 것도 아니다. 의지는 신(神)이 손을 움직이도록 기회를 준 것에 불과한 것이다. 이것은 17세기 후반에 번성한 데카르트 학파의 한 이론으로 정신과 육체 사이의 모든 상호 작용을 신(神)이 매개(媒介, 관계 맺어줌)한다고 본다. 연장을 갖지 않는 정신과 연장(延長, extension, 넓이)을 가진 육체는 직접 상호 작용하지 않으며 직접 상호 작용하는 듯 보이는 것은 신에 의해 나타난 현상일 뿐이다.

신(神)은 정신의 의지가 작용하는 것을 기회로 육체를 움직이고 육체가 다른 물질 대상과 부딪치는 것을 기회로 정신에 생각을 불어 넣는다.

예로 사과를 집어 들고 싶다는 욕구를 행동으로 옮길 경우 정신이 육체에 직접 작용하는 게 아니고 그가 행위하려는 의지를 기회로 삼아 신(神)이 그의 팔을 뻗게 한다. 또한 그의 손이 사과를 집을 때 사과는 그의 정신에 직접 작용하지 않고 그와 사과의 접촉을 기회로 신(神)이 그에게 사과의 맛과 향기 등에 관한 생각을 준다. 데카르트에게 육체는 수동적이고 사유(思惟, thinking)하지 않는 연장(延長)인데 반해 정신은 능동적이고 연장(延長)을 갖지 않은 사유(思惟)이다. 문제는 이들이 어떻게 상호 작용하는가, 즉 어떻게 연장(延長)을 갖지 않은 정신의 생각들이 육체에 영향을 끼치며 육체적 충동이 어떻게 생각을 만들어 내는가 하는 문제가 생긴다. 데카르트는 생시에 뇌 속 송과선(松科腺)에서 이일이 일어난다고 했지만 어떻게 상호 작용이 일어나는지에 대한 답변일 수는 없었다(송과선 이론은 당시 해부학이 덜 발달된 때의 추론이었을 뿐) 기회원인론자들은 설사 우리가 정신과 육체가 어떻게 상호 작용하는지 모른다 해도 신(神)이 정신과 육체를 직접 상호 작용하도록 만들었다고 한다. 창조되지 않은 실체인 신(神)이 양자를 매개하여 상호 작용이 직접적인 것처럼 나타난다.

이들은 정신적 실체인 신(神)이 어떻게 물질적 실체에 스스로 작용할 수 있냐는 질문에 신(神)이 상호 작용 자체를 창조했다고 답한다. 신의 피조물인 물체와 정신이 스스로 작용력을 가진 게 아니고 그 작용 원인으로써 운동변화의 기회가 오직 신(神)에 의해서 일어난다는 것이다.

이 이론의 대표자 격인 말브랑슈(Malebranche, 1638~1715)는 프랑스의 가톨릭 사제였는데 데카르트학파로 불린다. 데카르트의 철학을 아우구스티누스(Augustine)의 사상과 신플라톤(Neoplaton)철학과 종합을 시도했다고 알려진다. 그는 척추 질병으로 평생 고생하면서 '신(神) 안에서 모든 것을 본다'는 주의였고 인간은 오직 신(神)과의 관계에서만 내적외적 세계의 전모를 알 수 있으며 물리적 대상들의 위치나 개인적 사고가 변하는 직접적 원인이 사람들의 생각과 달리 하나님이라는 주의였다. 흔히 원인들(causes)이라고 불리는 것들이 신(神)이 어떤 결과를 낳기 위해 활동하는 기회(occasions)에 지나지 않다는 것이다. 모든 개별적인 원인은 진정한 원인이 나타나는 하나의 기회에 불과하며 그 진정한 원인은 하나님에게만 있다는 이론이다.

말브랑슈는 우리가 자연적 인과 관계라고 생각하는 것도 사실은 모두 기회원인의 결과에 지나지 않으며 모든 순간에 신(神)의 개입(介入)이 일어난다고 보았다. 이상 기회원인론을 스쳐봤지만 우리 인식엔 한계가 있고 세계의 본질을 이해하는 것도 난해하기만 하다. 딱딱한 이런 이론을 통해 하나님이 만유를 주관하시는 은혜에 조금이나마 도움될지 의문이다.

우리는 내가 생명을 만들어서 나온 것이 아니고 내가 남자 또는 여자가 되겠다거나 내 감정, 욕망, 의지, 성격 내가 선택한 것 아니다. 모두 받은 것들이다. 또 받은 것들을 사용하고 난 후 반납해야 한다. 그게 죽음의 날이다.

이 모든 것을 설계하시고 나를 존재케 하시며 이 시간 숨 쉬게 하신, 퍼스트이고 궁극적이며 절대적 원인자이신 분에 의해 존재 행위를 하는 것이다. 이 기회원인론은 궁극적 원인주체이신 분의 만유 경영에서 특히 인간의지를 관리, 사용하시는 프린시플을 사색해 본 것이지만 여전히 어렵기만한 주제가 아닐 수 없다. 우리 의지는 자유하는가? 이 의지를 주신 절대자의 뜻을 구현하는 도구에 불과한가? 아니면 협업관계인가?

여호와여 주의 장막에
머무를 자 누구오며 주의 성산에
사는 자 누구오니이까 [시 15:1]

악(惡)은 어디에서 오는가

 전에도 소개한 적 있지만 야곱 뵈메(Jakob Böhme 1575~1642)는 악이나 모순 등이 신적 본질에서 나온다고 본 점에서 특별한 의미를 지니고 있기에 음미해 보는 것인데 그는 독일의 괴를리츠의 서민 가정에서 태어났고 제화공으로 생활했다.
 그는 한번 들은 것에 관해 끊임없이 성찰하는 습관을 가졌다고 알려진다. 제도권 교육은 초등학교 정도일 뿐인데 지적 역량이 탁월했다고 한다. 그의 사상은 다소 범신(汎神, pantheism)적이며 신비주의적이다. 그는 모든 것이 신(神)이며 모든 것이 신 안에 있다는 주의다.
 사람은 신에게서 비롯되었고 신 안에 살고 있는 피조물이다. 자연과 피조물의 심연은 바로 신(神) 자체라는 게 뵈메의 생각이다. 이렇게 모든 게 신에게서 비롯됐다면 우리 삶에 고통을 주는 악(惡)은 어디서 나온 것일까?
 이점에서 뵈메는 신적이든 악마적이든 간에 모든 사물이란 긍정과 부정으로 존재한다는 사실을 알아야 한다면서 긍정은 힘이자 생명이며 신의 진리이거나 신 자체의 발현일 수 있다. 그러나 부정이 없다면 이러한 긍정도 그 자체로 인지될 수 없을 것이며 그 안에 기쁨이나 고양된 감정도 존재할 수 없을 것이다. 긍정이든 부정이든 현상으로 나타나려면 그 안에 반대물이 깃들여야 한다는 논지다.

여기서 뵈메는 〈모든 존재에 스며있으며 결코 지양할 수 없는 모순이 바로 세계의 가장 내밀한 추동력〉이라는 명제를 선언하고 있다. 개개의 모든 형상은 다른 형상들과 적대 관계에 있다. 이는 인간뿐만 아니라 모든 피조물에 해당되는 사실이다.

모든 것에는 독소와 악이 깃들여 있다. 만약 그렇지 않다면 생명도 활동도 존재하지 않을 것이고 색채와 도덕, 두꺼움과 얇음, 그 밖의 다른 모든 감각이 존재하지 않을 것이며 오로지 무(無)만 있게 될 것이다. 이런 뵈메의 생각에는 악(惡)은 신적 근거 안에 이미 깃들여 있다는 전제이다.

천국과 지옥도 모두 신(神) 안에 자리 잡고 있다. 이 악은 인간 영혼 안에서도 현실성을 갖는다. 영혼은 선과 악, 사랑과 노여움 사이에서 선택하며 살게 된다. 인간은 자유의지를 갖고 자신이 원하는 것을 한다.

자유의지는 신적 힘을 지니고 있으며 신의 사랑과 노여움에서 비롯된 인간의 고유한 원초 상태의 활동이다. 인간의 영혼은 신성에 근접해 있으며 영혼의 내적 근거는 신적 본성에 있다. 영혼이 신의 거처이며 따라서 영혼은 신의 고유한 본질을 이어받았다.

이렇게 뵈메를 비롯한 신비가들은 영혼과 신의 본질적 동일성에 집착하며 이는 심지어 신인(神人)간 구별이 없어지려는 위험을 초래한다. 이런 뵈메의 사상은 자연과학자 뉴턴이나 라이프니츠 헤겔과 셸링 등에 영향을 줬고 특히 변증법 이론에도 기여했다고 연구되고 있다. 물론 이런 이론은 기독교 신학과 마찰을 일으킬 수밖에 없다. 범신론은 성경 도그마에서 수용될 수 없다. 피조물과 인간은 섞일 수 없으며 하나님은 만유를 창조하셨고 자연만유에 계시하기도 하셨으나 만유를 초월하신 절대 타자이시고 피조물 어느 것도 그분을 모방하거나 대신할 수 없다.

신과 인간, 영혼 간의 공유(共有)적 속성이 있다거나 인간의 영혼이 신비하다 해도 신 자체일 수는 없다. 신학에서 악을 신의 창조물이 아닌 자유의지의 결과물로 이해하거나 악이나 사탄을 신의 계획과 목적을 달성키 위해 허용된 요소로 해석하지만 시원한 답일 수 없는 인식론상 아쉬움이 있다.

암튼 뵈메의 악이 신적본질 안에 포함됐다는 구상은 돌발적으로 느껴지지만 악의 문제를 숙고하면서 존재세계의 궁극적 원인을 탐구하느라면 다다를 수 있는 생각이기도 하다. 이 존재세계의 궁극적 원인자, 즉 제일원인자가 신(神)이라면 악이나 사탄 고통 또한 궁극적 원인자에게서 기원을 찾을 수밖에 없는 게 인식의 속성이다.

특히 헤겔의 경우는 악의 실재성을 인정하지 않는다. 악은 우리의 인식 안에서만 존재한다는 것이다. 하긴 헤겔의 역사철학이야말로 세계만상이 절대정신의 자기 전개이기 때문에 악도 그 절대정신의 산물이 되므로 악도 필요한 것이고 악이 악일 수 없다는 논리가 가능해진다. 즉 우리 인식에서만 악일뿐 악 또한 역사 전개에서 필연이 된다.

뵈메의 경우 세계는 현상과 신의 계시로 이뤄졌으며 죄와 악도 부정적인 요소가 아니고 창조물의 타락도 창조물 밖에서 생긴 것이 아니고 바로 그 창조물 안에서 형성된 것이다. 인간의 영혼은 하나님으로부터 기원된 것이어서 하나님은 인간의 본 고향이고 인간의 진원지이다.

인간이 육체라는 외적 베일을 벗어나면 바로 자신의 본 고향으로 들어가서 하늘나라와 지옥을 자신 안에서 만나게 된다. 하나님을 만날 수 있는 유일한 장소는 바로 인간 자신의 영혼이다. 뵈메에게서의 특징은 궁극적 원인자인 신에게 악과 모순이 내포됐고 세계는 그 창조자의 의지가 발현된 것이다. 그에 따라 현실에서의 악과 고통이 긍정과 함께 운동하고 있는 것이고 인간은 운명적으로 이 고통을 지니고 살게 됐고 이 고통과 악 모순은 창조자의 세계경영 원리에 속한 것이므로 피조물인 인간으로서는 악과 더불어 사는 숙명을 지니게 된다.

인간이 선악과를 먹은 존재로 규정되는 것도 이미 존재 자체가 선악의 대립 구조를 숙명으로 간직된 존재란 뜻일 것이다. 이 글을 한스 요하킴 스퇴리히『세계철학사』의 뵈메 관련 항목과 전 건국대학교 교수 임희완의 논문 〈야곱 뵈메의 신비주의 철학사상〉을 일부 참고했는데 악과 고난의 문제는 우리 인식 구조 안에서 해명하기 어려운 주제이다. 욥의 고난을 어떻게 이성으로 설명해 낼 것인가? 인간은 그저 피조물이다. 유한자다. 죄성으로 가득한 실존이다. 삶은 미스터리이다. 고통이다. 성경 구원의 복음과 하나님의 언약이 없다면 그저 비극일 뿐이다.

하나님은 우리에게 구원의 하나님이시라
사망에서 벗어남은 주 여호와로 말미암음이라 [시 68:20]

지성단일성론(monopsychism)

지성(知性intellectus, intellect)이란 지식을 구성하는 능력, 즉 아는 능력을 말한다. 무엇을 안다고 하는 작용을 말하며 감성으로 받아드린 재료를 가공하는 능력, 즉 사고력을 말하기도 하며 오성(悟性)이라고도 한다. 그런데 이 지성에 대해 중세 서양에서 특별한 논쟁을 한 적이 있었다.

주제는 이 지성이라는 게 단일한 것이라는 주장이었다. 모든 존재하는 것들은 하나의 지성적인 원리로 이루어졌으며 모든 존재가 하나의 근원적인 지성으로부터 파생되었고 모든 것은 그 지성의 표현이란 주장이었다.

이 학설은 중세 스콜라철학에서 크게 이슈가 됐었는데 중세 철학의 대부 토마스 아퀴나스(Thomas Aqinas, 1224~1274)도 이를 지지했다. 토마스는 모든 존재가 하나의 지성적인 원리로부터 파생됐고 이 지성적인 원리는 모든 존재의 근원이고 목적이라고 한다. 그는 모든 존재가 이 지성적 원리로부터 파생된 것을 근거로 현실의 통일성과 일관성을 설명하며 그 원리로 존재의 목적과 의미를 탐구하고자 했다.

모든 존재가 하나의 지성적 원리로 이뤄졌다는 이 논리는 존재세계를 하나로 파악하려는 시도를 낳는다. 아리스토텔레스(Aristoteles 384~322의)는 그의 『영혼론』에서 지성을 인간 신체와 전적으로 독립되어 사고하는 작용을 말한다고 보며 인간 영혼은 자신의 능력으로 물질적 조건을 초월하며 질료(신체도 질료임)와 섞일 수 없고 질료로부터 분리될 수 있다고 본다.

인간 영혼의 모든 능력 가운데 지성만이 신체와 독립되어 사후에도 존재할 수 있는 것으로 보았다. 중세의 아베로에스 (Averroes, 1126~1198)는 아리스토텔레스에 대한 방대한 주석을 하면서(아리스토텔레스의 주석가로 공인되었던 사람) 문제의 지성을 개별적 인간 영혼에서 분리하고 독립되어 존재하는 모든 인간에게 공통된 단 하나뿐인 실체라고 하였다.

하지만 이런 입장들을 따라가다 보면 하나의 지성적 근원자에게 모든 존재가 내포되어 버리기 때문에 개별적 인간의 고유성과 불멸성 그리고 사후세계에서의 형벌에 대한 그리스도 교회의 믿음을 희석시킬 수 있다. 여기에 대한 논쟁이 많았으나 여기서 그 논쟁을 소개하려는 건 아니고 신학적 평가를 좀 스쳐보고자 한다.

이 지성단일성 문제는 하나님의 지식과 인간의 지식 사이에 어떤 차이나 본질적 구분 또는 다름이 있냐는 문제가 야기된다. 지성단일성 지지자들은 하나님과 인간은 지성적으로 동일한 존재이며 하나님의 지식은 인간의 지식과 본질적으로 다르지 않다고 주장한다. 이들은 하나님의 지식과 인간의 지식이 동일한 원리와 구조를 가지고 있다고 본다.

반면에 지식 다원성 주장자들은 하나님과 인간은 지성적으로 다른 존재이며 하나님의 지식은 인간의 이해를 초월하며 인간의 지성과는 다른 원리와 구조를 가지고 있다고 믿는다. 이렇게 지성 단일성에 치중하면 하나님과 인간의 지성이 혼합되고 하나가 돼 절대 타자이신 하나님을 피조물과 섞게 되면서 인간이 하나님과 동격일 수 있다.

지성 단일성론자들의 입장대로라면 모든 인간의 지성적 활동이 하나님의 활동 자체일 수 있다. 이는 헤겔의 절대정신의 자기 전개라는 그 논리와 손잡고 인간을 신의 자리로 또는 신을 인간의 자리로 섞어 혼란을 야기시킬 가능성에 개방된다.

하나님은,

이는 내 생각이 너희의 생각과 다르며
내 길은 너희의 길과 다름이니라 여호와의 말씀이니라.
이는 하늘이 땅보다 높음같이 내 길은 너희의 길보다 높으며
내 생각은 너희의 생각보다 높음이니라 하셨다 [사 55:8-9]

반면 지성의 다원성을 주장하는(지성단일성 거부) 경우에는 이런 섞임의 가능성은 없거나 적어진다. 이사야선지 자가 말한 그대로이다. 하나님의 지성은 어디까지나 초월적이며 인간이 커버할 수 없는 영원의 차원이시다.

인간이 아무리 발버둥쳐도 하나님에 이르지 못한다. 그 대신 인간의 지성(넓게는 정신활동 전반)이 하나님으로부터 창조 받은 것이며 지금도 인간의 지성(정신)을 통해 역사하시고 계신 그 진리와 은혜를 간과할 수 있다. 인간의 지성은 어디까지나 하나님의 작품이다. 인간이 셀프로 만든 게 아니고 하나님의 의지의 발현이며 하나님 자신을 닮은 대상을 설계하고 만들어 내신바 된 존

재가 인간의 영혼(정신 이성 지성)이다.

지금도 하나님은 살아 계셔서 인간의 지성(영혼)에 관여하시며 그들을 사용하여 역사를 진행시켜 나가신다. 그런 점에서 지성이나 인간정신 활동 전반을 하나님과의 관련성에서 변증법적이라고 보는 관점도 필요할 것이다. 하나님은 전적 절대 타자이시다. 그런 점에서 인간의 지성(영혼)은 하나님의 피조물이며 하나님의 지혜와 그 지성에 미칠 수 없다.

한편 하나님은 절대 타자이시지만 현실 세계를 주장하시며 역사를 주관하시는 점에서 당신이 창조하신 인간의 지성(영혼)을 사용하시면서 구원 역사를 진행시키신다는 그 점에서 하나님과 인간의 영혼은 변증법적 관계라고 할 수 있을 것이다.

하나님의 창조세계는 오묘막측하고 신비 그 자체이다. 영광 받으실 분은 이 유형무형의 존재세계를 창조하시고 섭리하시며 주관하시고 은혜로 구원하시는 성삼위 여호와 하나님이실 뿐이다. 만유는 그분을 위하여 존재하고 숨쉬고 있다.

여호와는 살아 계시니
나의 반석을 찬송하며
내 구원의 하나님을 높일지로다 [시 19:46]

『물자체』 스쳐가기

폭염의 무더위이다. 곳곳에서 전쟁과 자연재해로 고통한다. 성경이 말씀하는 바 피조물이 함께 탄식하며 고통하는 그림일까[롬 8:22]. 칸트의 〈물자체론〉을 살피면서 더위를 좀 피해 볼 수 있을까? 칸트의 〈물자체〉이론은 이해하기가 좀 딱딱한 편인데 독일어로는 Ding an Sich이고 한자로는 물자체(物自體) 또는 사물자체(事物自體)로 옮긴다.

이것은 우리가 인식할 수 없는 사물 자체의 본질적 실체를 말한다. 우리가 보고 듣고 경험하는 것은 감각과 인식 구조를 통해 나타난 〈현상〉이고 이 현상 뒤에 숨겨진 〈사물의 진정한 모습〉이 바로 〈물자체〉인 것이다. 우리는 이것을 직접 경험하거나 알 수 없으며 오직 존재를 추정할 뿐이다.

칸트는 이 물자체가 신(神), 영혼(靈魂), 자유(自由) 같은 개념과 관련 있다고 보았는데 이것들을 경험과 감각으로는 파악할 수 없지만 이성적으로 생각해 볼 때 필수 개념이 된다. 이렇게 이 물자체는 우리가 인식 불가능한 사물의 본질인 것이다.

칸트의 경우 우리 인식은 현상계에 국한 돼 있고 우리는 이 현상을 통해서만 사물을 인식한다. 칸트의 인식론은 대상이 우리에게 들어오는 게 아니고 우리가 가지고 있는 인식 구조가 대상을 파악해 오는 것이다. 그러므로 대상을 파악하는 인식의 틀에 따라 파악된 것이 사물이기 때문에 우리가 아는 것은 현상일 뿐 현상을 이루는 본질은 아닌 것이 된다. 칸트는 이 현상을 이루는 토대를 〈물자체〉라고 이름해 본 것이고 이 현상 너머의 물자체는 인식할 수 없고 추정만 할 따름이라고 한계 짓는다.

그런 점에서 칸트는 형이상학적 주제에 대한 회의론(懷疑論, skepticism)을 펼치고 있다. 이런 주장이 신학에 영향을 미쳐 종교다원론 또는 신학적 자유주의의를 낳게 한다.

한편, 기독교적 환경에서 살아온 탓일까. 신의 존재를 경험적으로 증명할 수 없다고 보았으면서도 도덕적 행위와 우주의 질서를 설명하기 위해 신(神)의 개념이 필요하다며 소위 요청적 신의 존재를 말하고 있다. 영혼의 불멸도 인간이 죽은 후에도 도덕적 책임이 지속된다고 믿기 위해 상정된 주제이다.

한편 헤겔은 칸트의 물자체를 초월적인 것이 아닌 현실 세계에 내재하는 것으로 재해석한다. 그는 물자체가 인간의 인식과 경험서 완전 분리된 게 아니고 현실화 된 것으로 이해한다. 그것이 변증법적 과정으로 현실화한다고 보면서 인식과 현실의 분리를 부정하고 모든 실체가 인간 이성과 변증법적 발전을 통해 점진적으로 이해될 수 있다고 주장한다.

즉 헤겔은 물자체를 역사적인 이성적 과정을 통해 현실에 실현되는 것으로 이해했다. 한편 의지의 철학자 쇼펜하우어는 칸트의 물자체가 초월적인 것이 아니고 〈우리의 의지가 물자체〉라고 한다. 그는 모든 동식물 생명 없는 무기물에 이르기까지 〈의지 현상〉이 있다고 본다. 그는 〈칸트의 물자체가 인간의 의지(will)로 들어왔다〉고 한다. 그러므로 우리 자신도 내면에서 물자체에 접근이 가능하다고 하면서 〈우리 내면의 의지와 자연 현상의 본질인 의지가 동일한 것〉이라고 한다.

한편 칸트와 동시대의 셸링(Schelling)은 칸트의 물자체 개념이 불필요하다면서 자연과 정신의 통일성을 주장한다. 그는 자연 자체가 곧 절대적인 실체로 이해되어야 한다며 자연을 단순히 물질적 세계로 보는 것이 아니라 〈정신의 표현〉으로 이해한다. 자연과 정신을 분리된 것 아닌, 동일한 실재의 두 측면으로 간주한다. 따라서 〈자연 자체를 정신의 활동〉으로 보면서 칸트의 주관과 객관, 현상과 물자체의 구분을 넘어 〈동일성철학〉을 제시한다. 그는 주관과 객관이 동일한 근원에서 나온다고 주장함으로 칸트의 인식론적 한계를 극복하고자 했다.

이상 〈물자체〉에 대한 스케치를 해봤는데 하나님의 창조세계는 전모를 파악할 수가 없는 신비 그 자체이다. 이 신비 자체에 근접하고 세계를 이해하게 되는 길은 존재세계의 원인자요 설계자이시며 세계를 제작해 내신 분의 계시에 의존해야 한다. 이성의 단독 작업으로는 신비에 다가 갈 수 없다.

칸트는 물자체라는 어려운 말로 사람들을 고생시킬 게 아니라 다이렉트로 성경 계시에 올인했어야 했다. 이 물자체론은 성경 신앙을 버린 고독한 영혼의 불완전한 추론일 것이다. 성경은 물자체니 그런 것 없이 만유를 창조하시고 섭리하시는 하나님의 자기 계시이기 때문에 그분의 뜻과 의지, 섭리적 경륜이 포괄적으로 담겨있다.

헤겔의 물자체가 현실의 변증법적 과정으로 전개되는 양 하는 설명이나 셸링의 동일성철학 그리고 쇼펜하우어의 만유의지론도 그냥 추정일 뿐이고 이성의 한계 안에서 노는 방랑일 뿐이다.

철학들은 그 자체로서 이성의 산물이기에 이성의 죄성과 불완전성, 인식과 판단능력의 한계 등에 속박된다. 이성의 한계를 고려치 않은 이성주의적 사유는 오류에 개방될 수밖에 없다. 철학자들의 견해를 살펴는 보고 참고는 하지만 철학이야말로 신학의 지배를 받고 신학적 결론을 함께 만들어가야 한다.

존재세계는 이 세계를 설계, 창조하신 하나님의 계시에 의해서만 답을 구할 수 있다. 그래서 언제까지나 철학은 신학의 시녀요 도구의 위치여야 한다. 세상 학문의 정수인 철학이 신학을 들이 받거나 헷갈리게 만들면 답이 없게 된다.

키에르케고르 후 130년간 철학이 신학을 들이 받고 도리어 지배하려는 데까지 왔고 니체(Nitche)에게서 그 발광의 정점을 보게 된다. 하지만 인간은 세계의 주체가 아니다. 피조체이고 지구에 내던져진 피곤한 실존일 뿐이다. 그리스도의 구원의 복음이 아닌 한 인간실존과 자연 세계는 길 잃고 방황하며 쥐엄열매로 연명하는 탕자 신세일 뿐이다.

여호와는 위대하시니
우리 하나님의 성, 거룩한 산에서
극진히 찬양 받으시리로다 [시 48:1]

유발 하라리의 생물학적 결정론

　유발 하라리(Yuval Noah Harari)는 그의 『사피엔스』란 저술로 유명한데 그 『사피엔스』를 읽다보면 그가 결정론(結定論, determinism)을 신뢰하는 듯한 인상을 받게 된다. 그는 유대인이면서도 그리스도인도 유대교인도 아니다. 자신은 스스로 무신론자라고 하며 종교보다 인문주의, 과학적 사고, 철학적 논의를 바탕으로 자신의 세계관을 형성하는 것으로 보인다.

　종교들을 역사적 산물로 분석하면서 종교가 '인간이 협력하기 위해 만들어낸 허구적 질서'라는 투다. 신(神)이 초자연적 존재에 대한 믿음을 거부하고 과학, 기술, 데이터와 같은 것을 마치 현대적 종교로 여기는 듯한 주장을 한다. 명상(Viassana meditation)수련에 매년 참가한다고도 알려진다. 그가 종교의 긍정적 측면을 말하는 부분은 사회적 결속, 도덕적 규범 제공 등의 가치를 인정하는 정도이다. 전통적 종교를 거부하고 데이터 중심의 세계관(데이터 교라고나 해야 할지)이나 인공지능 같은 기술을 과신하는 인상이다.

　그의 글에는 결정론(結定論)적 입장을 취하는 듯 보이는 경우들이 있다. 결정론은 인간의 행동이나 사태, 사물이 결정됐다는 숙명론적 사유이다. 자유의지를 부정한다. 유발 하라리는 전통적인 철학적 사유에 의한 결정론이 아니고 인간의 행동과 선택이 생물학적, 신경학적 조건들에 의해 크게 영향을 받는다는 소위 '과학적 결정론'이라고 할 이론이다. 그에게서 인간의 뇌는 데이터를 처리하는 일종의 생물학적 알고리즘이며 우리의 생각과 행동이 유전자, 신경활동, 환경적 요인에 의해 결정된다고 주장한다. 그러니까 우리의 행동이 우리가 인식하지 못하는 생물학적 조건과 경험들에 의해 결정된다는 것이다. 그러면서 우리의 자유의지가 환상에 불과한 것일 수 있음을 논한다.

자유의지는 '의식적 환상'에 불과하고 우리가 자유롭게 선택한다고 믿는 것은 뇌의 무의식적 과정에서 비롯된 결과라고 한다. 물론 이런 결정론을 펴면서도 윤리, 사회적 문제에서 인간의 책임의 중요성도 언급하곤 한다. 결정론을 말하면서도 자유의지를 완전히 배제하지는 않고 있는데 이는 결정론자들이 끝에 가서 흐려버리는 패턴이라고 하겠다.

그는 역사의 다음 단계에서는 기술적, 유기적 영역뿐 아니고 인간의 의식과 정체성에도 근본적인 변형이 일어날 거라고 한다. 그러면서 이런 변형은 너무나 근본적(radical)인 것이어서 사람들은 '인간적'이라는 용어 자체에 의문을 품게 된다고 한다.

2050년이 되면 일부 사람들이 죽지 않는 존재가 되어 있는 것을 보게 될 수 있다고 한다(이 부분은 자신의 말이 아닌, 그렇게 말하는 사람들이 있다고 인용한다). 그러면서 과학자들이 신체뿐만 아니라 정신도 조작할 수 있다는 사실을 받아들여야 한다고 한다. 이런 하라리의 글을 보면 편협한 과학주의의 고집을 보게 된다. 그는 그리스도인이 아니어서 구원받지 못한 영혼이다. 성령이 내주하시지 않기 때문에 이성주의로 과학적 데이터에 몰입해 이런저런 가상들을 들이대고 있다. 그에겐 인간이란 유전자, 뉴런(신경) 시냅스(신경세포 연결망) 그리고 세로토닌, 토파민, 옥시토신 등의 작용에 의해 움직여지는 동물 중 하나로 보이는 모양이다.

어림없다! 인간과 세계를 과학광신도 매너로 파악하려다 가는 나중 닭 쫓던 개 지붕 쳐다보는 격이 된다. 진화생물학이니 뭐니 하는 과학 잔챙이들은 현상과 물질화된 것들의 일부만 가지고 놀아나는 유희에 불과하다. 과학맹신의 결론은 무신론 유물론 허무주의 따위일 뿐이다.

유발 하라리는 그의 『사피엔스』에서 구라 뻥!도 날린다. 그 책의 〈생쥐와 인간〉이란 파트에는 구약의 예레미야서에 생물학적 독재자가 두려움 없는 병사와 복종하는 노동자를 대량 복제한다는 종말론적 기사가 있다고 한다.

이건 실수인지 고의인지 모르나 그냥 뻥!이다. 예레미야서에 어디 그런 망상이 있단 말인가? 이스라엘에서 교수생활하면서 영원한 제사장이신 그리스도를 구주로 믿고 구원 얻는 복음을 거부하고 명상과 마음 닦기 등에 몰입하면 고작 과학교도로 다운되게 된다.

스티브 잡스를 연상시킨다. 그도 교회를 떠나 일본의 선승과 함께 징을 치는 등 몰입했지만 힘들고 괴로운 인생길이었다. 호모사피엔스가 갈 길은 성경이고 그리스도이다. 천하에 인간을 구원하고 존재세계를 해명할 형이상학은 성경이고 복음이며 교회 신앙이다. 다른 길은 땅에서 난 것들이어서 구원의 능력이 없다. 유발 하라리도 책으로는 유명해졌지만 인생여정으로는 구원의 복음을 거부하고 방황하는 불안정한 실존일 것이다. 존재세계의 신비와 구원의 문제는 명상이나 무슨 땅에서 제조된 종교들에게서 나올 수 없다. 하나님은 아벨의 제사로 예표된 예수 그리스도의 속죄 제사만 받으신다.

주의 말씀을 열면 빛이 비치어
우둔한 사람들을 깨닫게 하나이다 [시 119:130]

내일 일을 알지 못하는 인간
– 스티브 잡스의 죽음

신문에 노성훈 연세대 암병원장에 대한 기사가 났다(조선일보, 28일자). 그는 위암환자 1만 명 수술했고 생존율 99.5%였으며 암에 대한 명의였고 세계 위암 학회장이기도 했다. 그런 그가 2014년 후두암에 걸려 졸지에 암환자가 됐다는 기사였다.

그는 "몇 년 전부터 목소리가 나빠졌는데 바쁘다는 핑계로 정기 검진을 안 받다 병을 키운 것"이라고 하면서 "분노와 후회, 자책이 밀려왔습니다. 나 자신에 대한 분노, 몸을 돌보지 못했다는 후회, 그리고 가족과 좋은 시간을 보내지 못했다는 자책, '왜 이런 시험을 나에게 주시나.' 하나님을 원망하기도 하면서…. '나는 참 엉터리였구나'라며 환자를 대하는 시선이 달라졌다"고 했다.

얼마 전 친구로부터 암 전문인 원자력병원 원장을 지낸 분이 직장암 4기 판정을 받고 치료 중이란 말을 듣고 필자가 아는 의사에게 "왜 암전문가가 이렇게 암에 당합니까?" 물었더니 "중이 제 머리 못 깎잖습니까." 반응!

애플사를 창업하고 21C 아인슈타인이라 불리웠던 스트브 잡스는 그 부와 명예를 뒤로 한 채 췌장암으로 2011년 56세에 생을 마감했다. 그가 대체의학을 의존해 병원치료를 등한히 한 것도 사인이 됐다는 설이다.

　기독교 신앙을 버리고 불교로 이동, 일본인 선승 아토가와를 만나 그의 지도하에 정신수행을 많이 했으며, 몸에 칼 대는 걸 싫어해 병원치료보다 채식주의, 침술 등으로 고치려했지만 암 판정 받은 9개월 뒤 췌장 전체로 전이됐다고 한다.

　그는 죽기 전 스텐포드 대학 강연에서 "곧 죽을 것이란 사실을 기억하는 것, 이것이야말로 잃을 것이나 두려움에 빠지지 않는 최고의 방법"이란 말을 남겼고 천국의 존재를 믿지 않았다고 한다.

　그는 생을 마감하는 날 2011년 10월 5일

　Oh! wow! oh! wow!

　소리를 마지막으로 남기고 떠났다.

　그는 결혼식 때도 선불교 멘토의 사회로 향을 피우고 징을 치고 주문을 외우며 진행했다고 한다. 평소 인도를 순례하는가 하면 요가 스승인 요가나단의 자서전을 1년에 1회씩 반복 독서했다고 알려진다. 죽은 후에도 자신의 의식이 영속하는 거라고 믿고 싶어했다고 전해지기도 한다.

　스티브 잡스가 교회 신앙을 버리고 구원의 능력이 없는 세상 종교를 의지하다가 너무 일찍 타계한 것에 아쉬움을 금할 수 없다. 실망스런 교회들 행태에 식상해서였을까?

　그리스도의 구원의 은혜를 거부하고 세상적 구도행각으로 위안을 얻으려 했던 영혼의 종말을 보면서 여러 생각을 낳게 한다.

　인간은 피조물이다. 세계의 주인이 아니다. 유한자다. 죽음의 공포를 본능 속에 지니고 불안에 떨며 한 순간을 산다. 죽을 존재인 것을 알 뿐! 언제 어디서 어떻게 생을 마감할지 모르는 자다.

살아 있을 동안 영혼의 본향이신 하나님과의 깊은 사랑에 성공한 영혼은 죄성, 유한성에서 오는 수고하고 무거운 짐들을 주 하나님께 맡기고 평안을 누리다가 날이 저물어 오라하시면 영광 중에 주께 가는 은혜를 누릴 것이니 아멘! 주예수여 오시옵소서!

들으라! 너희 중에 말하기를
오늘이나 내일이나 우리가 어떤 도시에 가서
거기서 일 년을 머물며 장사하여 이익을 보리라 하는 자들아
내일 일을 너희가 알지 못하는 도다
너희 생명이 무엇이냐
너희는 잠깐 보이다 없어지는 안개니라! [야고보서 4:14]

기독교와 주체교(主體敎)의 대결

문익환 목사가 방북하고 나서 수감 중 특별허가로 병원치료를 받은 적이 있었다. 목사 몇 분과 함께 병문안을 갔었는데 필자가 다짜고짜로 목사님께 질문했다.

"목사님, 북에 가시니까 뭐가 가장 특별했습니까?"

그러자 목사님이

"김일성에 대한 충성심이 대단했어! 사석에서도 김일성을 함부로 부르지 않고 꼭 '위대한 수령'이란 칭호를 붙이는 거야! 심지어 허담(김일성의 고종 사촌 김정숙의 남편, 외무상 지냄)이 나랑 식사했지. 그런데 식사 중에도 김일성을 말할 땐 정색을 하고, '위대한 수령 김일성 주석께서는…' 이렇게 하는데 놀랐어! 우리는 우리가 믿는 예수 그리스도에 대해 그렇게 못하잖아?"

그러시는 거였다. 북한 주체교의 실상을 보는 단면이었다.

월간 『교회와 이단』 206호의 아세아연합신학대학교 정종기 교수가 기고한 '북한의 이단-수령교'를 좀 요약해 본다면 북한의 체제는 하나의 거대한 종교집단이다.

그 체제에서 살았던 사람은 비록 탈북했어도 가슴속에 있는 김일성이 사라지지 않으며 죽을 때까지 김일성으로부터 완전하게 자유로워질 수가 없다. 자신의 삶 속에서 김일성의 존재를 빼놓는다는 것은 기독교에서 하나님 존재를 빼놓는 것과 다를 바 없다.

북한은 기독교를 모방한 유사 종교인 수령교를 가진 집단이다. 자아비판은 기독교의 회개와 같은 것이며 김일성 교시가 성경과 같은 권위를 가진다. 교회의 아멘!이나 할렐루야!는 만세!와 같은 것이고 기독교회가 성경을 많이 읽듯이 김일성, 김정일의 교시를 반복 학습한다.

교인들이 어떤 경우나 하나님께 영광을 돌리듯이 북한은 지금까지 키워주신 장군님의 은혜에 보답하고 기쁨을 드리겠다고 한다. 교회가 주일 수요, 금요 새벽기도회 모이듯이 북도 일요일 생활총화, 수요강연회, 금요인민반학습, 새벽참배를 한다. 결국 북한의 통치 수단은 기독교의 형태를 빌린 것이다. 북한에서 가장 중요한 주체사상은 교회의 성경신학과 같은 기능을 한다.

이상 정교수의 글을 요약해 봤듯이 북한은 주체사상이란 유사 종교 형태의 이념을 가지고 통치되는 곳이다. 그렇기 때문에 굶고 죽어 가면서까지도 굴종, 맹신하는 것이다. 이는 지구상에서 찾아보기 힘든 해괴한 체제이고 트럼프가 말했듯이 '인류의 문제'인 것이다.

한편 남한은 세계에서도 가장 열심히 믿는 기독교인이 천만이나 있고 그 미치는 힘이 상당한 국가이다. 한국사회의 어느 분야를 가든지 기독교, 교인들의 흔적 없는 곳이 없을 지경이다. 영적인 면에서 보자면 지금의 남북 간 체제 싸움은 남한의 기독교와 북한의 주체교간 싸움이요 대결이다. 태극기 집회에 기독교인들이 대거 동원되는 것은 이 주체교 악귀에 대항한 기독성도들의 영적반응인 것이다.

지금 한국의 정치판 싸움은 결국 영적 전쟁이다. 주체교는 종말에 나타날 적그리스도 체제[계시록 13장]의 모형인 수령 독재구조다. 즉 미리 나타난 작은 적그리스도 체제가 북한 정권이며 주체사상으로 종교적 형태를 갖춘 특수 구조다.

계시록의(앞으로 나타날) 적그리스도 체제가 어떤 형태일까를 지금 주체교, 수령독재를 보면 대강 그 그림을 알 수가 있다. 주체사상, 즉 주체교는 사탄이 주관하는 사이비 이단 종교체제인 것이다.

"짐승이 입을 벌려 하나님을 훼방하되 그의 이름과 그의 장막 곧 하늘에 거하는 자들을 훼방하더라 또 권세를 받아 성도들과 싸워 이기게 되고 각 족속과 백성과 방언과 나라를 다스리는 권세를 받으니 죽임을 당한 어린양의 생명책에 창세 이후로 녹명되지 못하고 이 땅에 사는 자들은 다 짐승에게 경배하더라"

[요한계시록 13:6, 8]

이 본문의 짐승은 장차 나타날 적그리스도 체제를 말한다. 이 체제의 모형이며 예시인 것이 바로 북한 주체교인 것이다. 이 체제가 굶어 죽어가면서도 견뎌내는 건 용(龍, 사탄)의 힘을 받았기 때문임을 성경을 통해 알아볼 수 있다.

"내가 본 짐승은 표범과 비슷하고 그 발은 곰의 발 같고 그

입은 사자의 입 같은데 용(龍)이 자기의 능력과 보좌와 큰 권세를 그에게 주었더라" [요한계시록 13:2]

이는 짐승, 적그리스도의 계열의 세력들에게 용, 즉 마귀로부터 막강한 능력과 권세가 주어지는 것을 밝히고 있다. 신천지나 통일교 같은 이단에 많은 사람과 돈이 몰리는 것도 용의 힘인 것이다. 또 같은 장 11절에는

"내가 보매 또 다른 짐승이 땅에서 올라오매 새끼 양 같이 두 뿔이 있고 용(龍)처럼 말하더라" 하였다 이는 용, 즉 사탄을 대리한 체제가 적그리스도(짐승) 체제인데 이 체제를 옹호, 선전하는 세력들이 대거 출현할 것을 말한다.

"새끼 양 같이 두 뿔이 있고"는 성직자요 종교인이요 목회자들이란 것이고 "용처럼 말하더라는 설교, 전도, 종교행사를 열심히 하는데 그 이데올로기가 용(龍)이 힘을 받은 적그리스도 체제를 위한 선동과 그 홍보대사 노릇한다는 것이다. 이들은 현대판 거짓 선지자들인데 항상 평화, 민주, 민족끼리 하나 되기, 사랑, 모든 종교는 한 형제요 한 뿌리이다. 형태만 달리할 뿐이라고 외치며 적그리스도 체제가 신의 뜻이고 진리라고 선전한다.

이 거짓 선지자들이 큰 세력을 얻고 짐승의 표(666으로 암호/상징된 적그리스도 국민을 식별하는 기호)를 받게 하고 이를 거부하는 자들을 탄압하는 주역으로 활동케 된다. 이 사실을 성경은 이렇게 말씀한다.

"저가 권세를 받아 그 짐승의 우상에게 생기를 주어 그 짐승의 우상으로 말하게 하고 또 짐승의 우상에게 경배하지 아니하는 자는 몇이든지 다 죽이게 하더라. 저가 모든 자, 곧 작은 자나 큰 자나 부자나 빈궁한 자나 자유한 자나 종들로 그 오른 손이나 이마에 표를 받게 하더라" [요한계시록 13:15,16]

특히 종교인이며 목회자로서 북한 체제를 위하여 뛰거나 그 주체교에 세뇌된 자가 있다면 바로 이 계시록에 등장하는 거짓 선지자 역을 한다고 봐야할 것이다. 자신은 민족의 화해와 통일을 위한 선구자인 것으로 착각할지라도 짐승 정권과 다를 바 없는 체제를 위해 뛰는 건 위험천만한 행보일 것이다. W.C.C 계통에서 활동하며 암암리 친북적 발언이나 활동을 하는 분들은 두려우신 하나님 앞에 떨며 속히 관계를 끊어야 할 것이다.

지금 정치적 혼란은 한국의 기독교회와 북의 주체교 간 영적 전쟁을 대리한 싸움이다. 특히 한반도는 일촉즉발의 세계 대 전쟁, 그것도 핵전쟁이 발발할지도 모르는 위기 상황이다. 트럼프, 김정은 모두 돌발적 사태 유발 가능 캐릭터들이다. 한반도에 거대한 무기들이 집결하고 있으며 이미 전쟁을 예고해 논 거나 다름없는 상황이다.

니느웨 백성들처럼 엎드려 부르짖어야할 때이다. 만일 기독교회가 주체교에 패배한다면 복 받은 자유 대한은 지도에서 사라져 가게 되고 수많은 피를 흘리게 될 것이다. 좌파 운동권 세력, 그들은 이 글로벌 악귀인 주체교 광신도들이기 때문에 좌우, 진보보수 개념으로 봐선 안 된다. 주체사교 광신도일 뿐이다. 특히 대형교회 목회자들 중 북괴를 옹호하거나 평화니 사랑이니 하면서 북에 돈 대주며 들락거리는 인사라면 요주의! 대상이요 정신 차려 악을 끊도록 케어해야할 대상일 것이다.

> 근신하라 깨어라 너희 대적 마귀가
> 우는 사자 같이 두루 다니며 삼킬 자를 찾나니
> 너희의 믿음을 굳건하게 하여 그를 대적하라
> 이는 세상에 있는 너희 형제들도
> 동일한 고난을 당하는 줄을 앎이라 [베드로전서 5:8, 9]

좌익종교는 공산주의와 한동아리다

종교의 외피를 입었으나 좌파일 경우 속 정신은 공산주의와 다르지 않다. 이렇게 말할 수 있는 건 그 정신이 추구하는 상호간 이념적 동질성 때문이다.

기독교 경우 좌경향일 때 공산주의가 담지하고 있는 이념가치와 목표를 공유한다. 공산주의는 유물론, 무신론, 계급투쟁의 3 내포라 할 수 있는데 기독교 좌익도 같은 골(goal)을 지향한다.

분명 종교요 교회적 칼라를 하고 있지만 추구하는 건 무신론, 유물론, 계급투쟁적이다. 한 예로 기독교에 〈민중신학〉이란 게 있는데 이 경우 전형적 공산주의와 가치동아리로 봐야한다.

그들은 기독교 외피를 입고 뛰지만 무신론적이다. 목회도 하고 성직자랍시는데 무신론적일 수 있을까? 물론이다. 민중신학쪽 인사라면 성경비평학이랄까 이성주의(rationalismus) 교육을 받은 자이다.

이성주의는 초월자요. 절대자로서의 신존재 인식에 회의적이다. 아니, 비평적이다. 자연주의나 물리주의에 가깝다 그들에겐 성경도 〈이성〉 아래 있다. 그런 경우 영혼의 구원이나 성령의 내주감화 하심이 없는 이성적 논리와 현세주의적 가치에 올인된 영혼일 수 있다.

따라서 형식은 종교인요 성직자일지라도 내면은 신존재 회의론, 불가지론, 상대주의 인식프레임에 갇힌다. 그들은 성경의 사두개파처럼 현세주의요 영도 부활도 천사도 천국도 믿지 않는다. 그저 사회운동가일 뿐이다. 그저 무신론적 사변과 기독교 외피가 섞인 채 여기저기 나대는 영혼들인 것이다.

그들은 왜 유물론일까? 초월적 신존재 인식과 신앙에 실패한 영혼은 당연히 현재 눈앞에 표상된 물질로서의 세계만이 존재(Reality)인 것이다. 그래서 그들은 현실세계에서 문제해결을 윤리적 당위요, 구원운동이라고 본다. 겉으론 종교인이요 목회자로 행세할지라도!

아울러 그들은 계급투쟁적이다. 현세주의적이고 유물론적 가치를 지향한다면 교회나 신앙의 목표 또한 현실세계의 문제해결을 윤리적 당위로 여기게 마련이며 이는 곧 불평등한 사회 모순에 고통당하는 민중을 살린다든지 하는 투쟁 스트레스에 강박된다. 그랬을 때 외피는 기독교인이요, 성직자요, 목사일지라도 속 이념이나 추구하는 가치는 공산주의의 3대 속성인 무신론, 유물론, 계급투쟁과 공유정신 된다.

이를 대표하는 서클이 있다면 앞서 말한 〈민중신학〉이란 건데 이들은 기독교 신앙이 표상하는 기본 도그마와 너무 거리가 멀다. 먼 정도가 아니고 이교적이다. 그들은 민중이 메시야라는 등 황당 썰 메이커요. 이것저것 섞인 잡탕 영혼들일 수 있다.

저들은 민중 집착 영업에 매몰된 주체들로 민중신학이란 게 공산주의 혁명전략에 이용당하는 먹잇감에 불과한 건데 신학이랍시며 교계 한 구석에 똬리 틀어 기독교인 행세한다.

지적 결핍과 사유의 빈곤으로 선동에 낚인 불쌍한 영혼들인 형편에 무슨 남이 못하는 엘리트 정신이나 지닌 것처럼 왕착각으로 날샌다.

이 좌익기독교맨들이 한국교회협의회(NCCK)를 리드한다. 그 단체가 항상 친북적 성명서만 내는 것 보면 그 정신의 내포를 알 것이다. 이들의 분포가 상당하기 때문에 적화 위기를 보고도 교계가 꿈쩍 못하는 것이다.

물론 좌익이 아닌 보수라는 자들도 북에 낚이거나 미련해 북에 돈 갖다 주고 시설해 주면 그들이 변하거나, 그 짓이 하나님의 사랑을 실천하는 행위인 것처럼 착각하는 멍청이들도 더 질 나쁘기는 마찬가지다.

보수 표방하면서 성도들 헌금한 돈 북에 갖다 바치며 개인영달과 이상한 짓 하고 다니며 남이 못하는 선한 일을 한 것처럼 선전하는 인사들 또한 교계의 악성 종양일 것이다.

한국교회의 대북관계 수치 이벤트가 한두 가지랴만 평양 과기대 지어준 것, 심장병원 지어주겠다며 나대는 것, 부끄러운 일이다. 그 행위들이 교인들과 사회에 영향을 미쳐 결국 좌빨들 혁명전략에 이용당하고 사람들, 특히 교인들의 판단력을 마비시키고 눈을 감게 만드는 죄악을 누적하는 것이다.

다른 종교들도 마찬가지다. 어느 종교든 좌익이 돼버리면 종교의 본래적 가치는 소멸되고 결국 공산・사회주의 운동으로 간다. 한국적 상황에서는 이들이 종북세력화하여 북에 들락거리거나 가짜 평화 나팔수로 떠들게 된다.

껍데기는 종교인이요 목회자며 성직자랍시지만, 좌편 향해 운동권 종북 주사파의 도우미나 이용감이 되다가 심판 받을 부류들에 현혹당하지 말아야 한다. 말은 좋다. 민중이니 민족, 통일 떠들지만 속은 북괴에 낚여버린 얼간이들인 것이다. 이들이 자기만 망가졌으면 그만이겠지만 북괴의 영향 하에 백성들을 그쪽으로 유인해 가는 게 암적 요인이다. 교인들은 뭣도 모르고 하나님의 종이니 뭐니 하면서 북괴 좋은 일에 끌려간다.

평화, 민족, 통일 떠들어 대면서 은근히 미국 비판하고 재벌과 기업, 기득권층 비판, 교인들의 영혼을 북괴 쪽으로 향하게 하는 종들 잘 판별해 뭘 모르고 그런 건지 좌빨인지 DNA가 반역기질인지 분별!

외피는 종교인, 성직자랍시는데 속은 공산주의와 같은 유물론, 무신론, 계급투쟁으로 북괴의 이용감이나 되는 못된 자들에게 속지 않아야 똑 부러진 교인이고 기름과 등을 가진, 그리스도의 좋은 신부일 것이다.

제5부
악의 기원은 어디일까

영혼에 대한 번역문들

고린도후서 4장 16절의 번역문들을 보면 개정개역 : 그러므로 우리가 낙심하지 아니하노니 우리의 겉사람은 낡아지나 우리의 속사람은 날로 새로워지도다.

    NIV: Therefore we do not lose heart. Though outwardly we are waisting away, yet inwardly we are being renewed day by day.

    KJV: For which cause we faint not ; but though our outward man perish, yet the inward man renewed day by day.

    NLT: That is why we never give up. Though our bodied are dying, but our spirits are being renewed every day.

위로부터 3개의 번역은 그냥 '겉사람 속사람' 또는 '겉으로는'이나 '속으로는' 정도의 불분명한 의미인데 (겉과 속이 뭔지) 맨 아래의 NLT만이 명료한 번역을 하고 있다.

"우리의 몸들(육체들)은 죽어가고 있지만 우리의 영혼들은(영들은) 매일 새로워져 갑니다."

여기의 are being renewed는 소위 현재 진행 수동태 문장이라고 할 수 있는데 이는 지금 상황의 중요성을 강조하면서 현재 이렇게 새로워짐이 우리 스스로가 아닌 타력, 즉 하나님의 은혜나 성령의 역사로 되는 점을 강조하고 있다(이 부분은 NIV도 동일).

    NKJV도 outward man, inward man(겉사람 속사람)으로 했는데 NKJV의 MACARTHUR 주석에서는 inward man(속사람)을 The soul of every believer(모든 성도의 영혼)이라고 설명한다.
    본문의 '속'에 해당하는 그릭 텍스트의 eso는 장소 부사로서 '안으로', '안에', '내부에'라는 단어인데 이를 그냥 '속'으로 직역하니까 뜻이 애매해진 것을 NLT는 겉사람을 '육체' 속사람을 '영혼'으로 명료화했다.
    과학이나 여러 인본주의적 문화의 영향으로 영혼의 실체성을 인정하지 않으려는 흐름이 신학에 영향을 끼쳐(구원론에서) 영혼구원을 등한히 함으로 인해 현세적 〈사회구원론〉을 강조하게 된다. 아울러 이를 분명히 하지 않으면 영혼이 없는 현세적이고 육체 중심적 인간론이 메인이 될 수 있을 것이며, 이런(불분명한) 해석을 빙자해(교회들이) 생명구원, 웰빙주의, 정치투쟁이나 문화 운동 등의 비본질적 일들에 매달리게 된다.
    존 칼빈(John Calvin, 1509~1564)은 개혁자들 중에도 영혼의 사후 불멸문제를 분명하게 강조했다. 물론 플라톤식 불멸이 아닌 하나님의 은혜에 의한 불멸인 것인데 『영혼수면론반박(Pycho Penicia)』은 그의 초기 저술로 유명하다.
    칼빈적 영향이 큰 웨스트민스터 신앙고백에서도 영혼의 사후 구원문제를 명료하게 다루고 있다.

이 고백 32장은 〈인간의 육체는 사후에 흙으로 돌아가 썩게 되나 영혼은(결코 죽거나 잠들지 않음으로) 불멸적인 본질을 가지고 있기 때문에 그것을 주신 하나님께로 즉시 돌아간다. 의인의 영혼은 죽는 순간에 거룩함으로 완전케 되어 지극히 높은 천국에 들어가 빛과 영광 가운데 하나님의 얼굴을 뵈오며 몸의 완전한 구속을 기다린다…〉라 명시하고 있다.

현대신학의 조류는 영혼부재의 신학들이라 봐도 과언이 아닐 것이다. 거장 바르트(Karl Barth, 1886~1968)나 오스카 쿨만(Osca Culmann, 0902~1999) 등으로 대표되는 〈영혼 수면론〉적 주장들은 교회신앙, 특히 구원론에서 적잖은 혼란을 야기시킨다.

신학은 언제나 오류의 가능성을 내포한다. 신학적 명제들은 하나님 말씀 계시에 충실한 만큼 가치를 지닌다.

영혼의 구원
몸의 부활
새예루살렘에서의 영원한 삶은
하나님의 자녀가 향유할 소망의 원천이다.

계시록으로 보는 주체수령교

성경 요한계시록 13장은 〈적그리스도〉에 관한 계시인데 적그리스도를 바다에서 올라온 〈짐승〉으로 묘사하고 있다. 바다는 세상을 상징하는데 적그리스도, 즉 짐승 세력이 세계인의 인기와 환영을 독점하게 된다는 암호다. 짐승이란 그 체제의 폭력성과 야만성을 말한다.

적그리스도는 참되신 주 예수 그리스도를 모방하고 거짓으로 세계를 교란하며 마귀의 일하는 세력이다. 심판(대환란)의 날이 가까울수록 모든 거짓 선지자들과 가짜 종교들이 적그리스도에게 충성하고 지구촌 통합종교 조직인 바벨론 종교와 정권을 만드는 데 복무하게 됨을 계시록은 예언하고 있다.

적그리스도 운동은 마귀운동이기 때문에 역사적으로 문화, 정치체제, 특별한 개인 등 할 것 없이 다양한 모습으로 나타나곤 했다. 계시록 13장과 17장은 심판의 날에 나타날 짐승, 즉 하나님을 대적하고 마귀의 일을 할 범지구적 정치, 종교, 경제체제를 보여준다.

이 대환란기(종말 심판기)에 나타날 적그리스도의 독재 체제를 미리 보여주는 작은 적그리스도(짐승) 체제나 운동들이 많은데 그중 북괴의 주체수령교야말로 장차 나타날 적그리스도 체제의 예비적 활동이요 모형이라고 봐야할 것이다.

13장4절에는 용(마귀)이 짐승(적그리스도)에게 권세를 준다고 했다. 즉 짐승체제는 용인 사탄마귀에게 힘(카리스마)을 받은 세력인 것이다. 그 용의 힘을 받았기 때문에 사람들이

"누가 이 짐승과 같으뇨 누가 능히 이로 더불어 싸우리요"[4절] 할 만큼 막강한 힘을 과시한다.

북괴의 수령독재는 30대의 미숙한 청년에 불과하지만 용의 힘으로 핵무기를 만들고 세계를 위협하면서 초강대국 미국조차 가지고 노는가 하면 백성을 굶기고 죽이고 온갖 악을 자행하건만 백성들이(남한에서마저) 굽신대고 충성 바치려 한다. 장차 나타날 적그리스도의 예비적 모습인 것이다.

이 희대의 살인마가 남한의 대통령이란 자를 임의로 사용하는가 하면 얼빠진 언론들의 사주로 인기가 올라가곤 한다. 방치하면 아이돌급 스타가 될 판이다. 이게 모두 용의 힘을 받은 적그리스도의 예비적 활약인 것이다.

6절에는 짐승이
"입을 벌려 하나님을 향하여 훼방하고"
7절엔
"성도들과 싸워 이기게 된다"고 한다.

공산주체교는 살아 계신 만군의 주 하나님을 훼방하고 성도들을 핍박, 죽인다. 공산주체 집단이 들어선 후 교회와 성도가 받은 수난은 일제시대의 것을 능가한다. 북한의 그 열심했던 성도들과 교회는 모두 사라졌고 성경만 소지해도 죽음이거나 교화소

행이다. 코리아가 적화된다면 무수한 교인들이 피 흘리고 죽어 나가게 될 것이다.

11절에는 땅에서 또 다른 짐승이 나오는데 새끼 양 같은 두 뿔이 있고 용의 말(마귀, 즉 용의 대변자)을 한다. 이는 거짓 선지자 집단인데 종교인이요 성직자 신분으로 용의 이데올로기를 전파하고 운동하는 세력들이다.

12절엔 그가 먼저 나온 짐승(적그리스도)의 권세를 행하면서 땅과 거기에 거하는 자들로 하여금 먼저 나온 짐승(적그리스도)을 경배하라고 압박한다. 그(거짓 선지자들)가 짐승에게 경배하지 아니하는 사람을 몇이든지 다 죽인다. [15절]

말하자면 거짓 선지자 집단(짐승, 즉 적그리스도 체제 옹호 종교인 성직자들)이 출현해서 맹렬하게 용의 이데올로기(짐승체제 구축)를 전파하고 이에 불응하는 성도들을 무참히 핍박한다는 것이다.

지금 예비 짐승체제인 북괴를 위해 일하는 소위 종교인, 목회자, 신부들이 이에 해당되는 그림이다. 제 딴엔 무슨 통일운동이니 민족간 화해니 하겠지만 새끼 짐승(미리 나온 예비적 새끼 적그리스도)에게 영혼이 포로되어 그 체제를 위해 뛰다가 심판받게 될 자들인 것이다.

새끼 양 같은 두 뿔(성직자, 종교인, 목회자)로 위장했지만 속 정신은 용의 교육을 받은 자들이기에 이들이 용의 대리체제인 바다에서 올라온 짐승(적그리스도 체제)을 위해 열심히 뛰다가 심판 받는다.

기독교계는 보수니 뭐니 할 것 없이 민족화해니 통일이니 떠들면서 북괴를(직, 간접 간에) 옹호하고 도우미하는 자들을 예의 경계해야 할 것이다.

계시록 19장 20절에는 짐승과 거짓 선지자(들)를 산 채로 유황불에 던져 심판하신다. 종교인이니 성직자니 하는 신분으로 새끼 짐승 체제요. 그 모형인 북괴와 속닥거리거나(통일이니 민족 화해니 하면서) 그를 위해 일하는 자들은 유황불 심판을 각오하라는 메시지로 받아들여야 한다.

요한계시록의 예언을 공부한 목회자라면 북괴의 공산주체교와 그 수령체제가 장차 나타날 짐승, 즉 적그리스도의 모형이요 예비적 체제인 것을 알 것이다.

특히 민중신학이나 사회구원이랍시며 사건현장마다 나대며 데모, 시위에 몰두(얼간이 가짜 신학 배운 영혼들)하는 걸 무슨 예언자 활동으로 환각하다가 마침내 북괴에 낚여버린 개인이나 교단, 신학도들 모두 정신 차리고 헛짓 중단, 철저 회개하고 북괴와 내통을 끊어야 한다.

북괴가 핵을 폐기하고 평화시대를 만들 것처럼 쇼하는 걸 믿고 평화를 희망하고 있다면 순진하거나 북괴에 낚인 영혼들일 것이다.

북괴에 약점 잡혔거나 북괴 교육받은 거짓 교사들(종교인, 성직자, 목회자)은 통회 자복하고 북의 지령을 철저 배격하고 환란기에 나타날 대 심판을 피해야 산다.

성도들은 평화의 사도인 것처럼 민족화해를 부르짖으면서 북괴의 하수인 노릇하는 자들에게 속지 말고 종북 괴설로부터 영혼을 지켜나가야 한다.

여러 경로로 기독교회를 점령한 친 북괴세력 규모가 상당할 것이다. 특히 뭘 모르고 시류에 영합, 좌경화된 목회자들의 오염된 의식이 마귀의 활용감이다. 악의 영인 주체교 지배하에 살 것인지 자유 대한에 살 것인지 선택기로에 있다. 특히 무슨 통일운동의 선구자나 되는 것처럼 나대며 북괴의 하수인 노릇한 교단이나 목회자, 또 인도주의 운동한다고 병원 지어주고 대학 만들어 주는 등 북괴와 내통하며 새끼 적그리스도 체제 도우미 노릇해 온 종교인들 철저히 눈물로 회개, 하나님의 적과 내통관계를 끊어야 한다.

하나님을 대적하고 양민을 학살하며 테러 전쟁, 사기… 온갖 악을 자행한 세력에게 성도들의 헌금을 갖다 바치고 약점 잡혀 그 졸개 노릇해야 하는 딱한 명사님들 깊이 생각해야 한다.

나라의 중대 위기 국면에 좌경화되고 병들어 있는 기독교회 지도자들의 실상을 보면 과연 성경 특히 계시록 예언의 정확성에 놀라지 않을 수 없다.

또 저희를 미혹하는 마귀가
불과 유황 못에 던지우니 거기는
그 짐승과 거짓 선지자들도 있어
세세토록 밤낮 괴로움을 받으리라 [계 20:10]

함석헌, 김동길 님들의 종교관

김동길 선생님의 별세로 함석헌 시대가 사실상 종언을 고해가는 느낌이다. 김동길 선생은 함옹을 매우 존경했고 함옹의 정신적 영향 하에 종교관도 영향을 받았을 것임에 의문의 여지가 없을 것이다.

함옹은 한국의 간디라는 그 명성에 못지않게 종교면에서도 적지 않은 영향을 끼쳤다. 특히 한국신학대학(한신대)의 김경재 교수는 함옹의 사상을 통해 한국의 대표적 종교다원주의 학자가 됐다 해도 과언이 아닐 것이다.

김경재 한신대 명예교수는 함석헌 옹이 발간했던 『씨알의 소리』 100호(89년 4월호)에 〈함석헌의 종교사상〉이란 글을 기고했다. 여기서 김교수는 함옹을,

"정신의 최고봉에 도달한 종교사상가…

동서양 종교사상을 한 몸에 융섭한 위대한 혼…

동과 서가 만나고 불교와 기독교가 만나고…

함옹의 종교사상은 사람의 본성 속에 하나님이 계시며…

함옹은 세계 종교다원주의(혼합주의)를 열린 맘으로 받아들인다"라는 등 극찬을 한다.

이런 함석헌 관을 지닌 김경재 교수인지라 그 함옹 사상 빽으로 한국의 대표 종교다원가가 됐다 말해도 과언이 아닐 것이다.

이 글에서 김교수가 말하는 함옹의 종교관은 세계 종교들의 짬뽕이고 범신적이며 퀘이커라는 모호한 간판이며 노장의 자연주의와 기독교를 섞어보려는 허구에 불과하다.

십자가 대속의 복음이 없고 성경을 떠난 구도자들의 현란한 수사들로 일관하고 있다.

함옹은,
"2천 년 전의 예수가 어떻게 내 죄를 책임진단 말인가. 내 죄는 내가 책임져야지"라고 하여 복음의 핵심인 십자가 대속의 은혜를 거부하였고
"모든 종교는 구경에서 하나다"라 하는 혼합적 종교관을 가진 분이었다(함옹의 『뜻으로 본 한국역사』 한길사, 395쪽).

함옹은 무교회주의를 배우고 퀘이커에 전전하는가 하면 스승 류영모 선생을 따라 동양사상에 몰입하는 등 했지 십자가 구원의 복음으로 중생한 오리지널 그리스도인의 모습을 보인 적이 없었다.

필자는 함옹과 같은 무교회주의였으나 복음의 핵인 대속신앙은 분명히 하고 사셨던 노평구 선생님께 전화 드려 류영모 함석헌 옹의 신앙과 삶을 어떻게 보시는지 여쭸었다.

임종이 가까운 2003년 8월경이었다.

대답은,
"나는 그 사람들을 좋아하지 않습니다. 그들은 성경과 같지 않습니다. 초대교회 당시 가정을 버렸던 사람들과 같습니다"라고 하셨다.

초대교회 영지주의자들 중에는 금욕주의자나 탈 도덕주의자들이 가정을 버린 경우들이 있었는데 류영모 선생은 금욕주의로 함옹을 리버럴리즘으로 여겨 두 분 다 가정을 등한히 했다는 평가였다.

김동길 선생님을 보내면서 함옹의 영향을 많이 받으신 고인의 신앙생활을 생각해 보느라 스쳐봤는데 선생님은 본시 기독교 신앙 뿌리가 있는 환경이셨지만 함옹의 영향으로 십자가 대속 구원의 복음이 모호해지고 다소 다원적 성격을 띠면서 복음주의 성경신앙을 지켜내지 못하셨을 것이란 인상이셨다. 아쉬운 부분이다.

인간이 기댈 언덕은 성경이다.

성경은 유일한 형이상학이고 창조자의 자기 계시다.

성경을 떠나서는 존재세계의 발생과 전개과정을 알 수 없고 미래를 소망할 길이 없으며 구원받을 은혜도 만날 수 없다.

모든 육체는 풀이요
그의 모든 아름다움은 들의 꽃과 같으니
풀은 마르고 꽃은 시드나
우리 하나님의 말씀은 영원히 서리라 하라 [사 40:6-8]

디오니소스적 광란(狂亂)

그리스 신화에 아폴론(Apolon)과 디오니소스(Dionysos)가 있는데 아폴론은 태양신이고 빛과 균형 조화와 절제 질서와 이성의 이미지다. 반면 디오니소스는 술의 신이고 도취, 극단성, 무질서, 광란, 본능, 환상, 열광과 광기의 이미지다.

니체(Nietzsche)는 디오니소스적 정신이 아폴론적 형식으로 표현된 것이 그리스의 비극이라고 하면서 아폴론의 이성보다 디오니소스적 정신의 광기(狂氣)를 더 높이 평가한다. 근대의 안일한 합리주의나 낙관주의 때문에 디오니소스적 정신이 사라졌음을 슬퍼한다.

아폴론보다 디오니소스가 더 매력적이라면서 인간은 불완전하기 때문에 빈틈없이 절제된 것보다 빈틈 많은 불완전한 것에 더 친근감을 느낀다며 디오니소스를 광기를 통해 저 너머에 있는 진리를 찾으려는 정신이라고 한다.

디오니소스는 인간에게 술을 주고 쾌락을 선사했다는데 이 디오니소스의 로마식 이름은 바쿠스(Bachus)이고 이 말은 그리스어 포도주를 말하는 바코스(Bakchos)에서 유래했고 우리말의 바카스는 영어식 발음이다.

문화의 유형을 분석하는 사람들 중에도 어떤 문화는 아폴론적이고 또 다른 곳은 디오니소스적이라고 한다. 중용과 절제가 존중되는 문화가 있는가 하면 다른 곳은 일상에서 벗어난 열광, 격렬함, 알코올 등을 통해 초자연적인 것에 접근하려한다. 이렇게 아폴론적인 것과 디오니소스적인 것의 갈등과 결합에 의해 문화가 발생한다고 본다.

여기서 주목할 것은 디오니소스나 아폴론 할 것 없이 그 정신의 근저에는 초자연적 갈망이 있다는 것이다. 이게 종교적 본능인 것이고 여기에 필연 사탄의 개입하기 마련이다.

아폴론적일 때 금욕과 절제를 통해 초자연적 초월을 모색하는가 하면 디오니소스적일 경우도 술 취함과 광란, 열광, 일탈을 통해 유한성에서 탈출하고 고통을 초월하고픈 몸부림을 한다.

아폴론과 디오니소스는 인간정신의 양 측면들이다. 양쪽은 삶에서 지속적으로 갈등 또는 조화를 도모하는 변증법적 운동을 한다. 문화나 사회 현상에서도 마찬가지다.

주변에서 흔히 보게 되는 이단 사이비 종파의 경우는 디오니소스적 광기를 수반하는 케이스다. 질서화, 제도화된 기존의 체제들에 대한 도전과 파괴의 파토스일 수 있다.

제도권 교회들에 잠재한 아폴론적 문화는 본능이나 야성(野性)에 대한 억압과 통제를 수반함으로 로고스적 질서에 익어 있다. 디오니소스적 정신들의 억압인 것이다.

이단 사이비 교주들은 자신이 알든 모르든 디오니소스적 영에 몰입된 자아들이다. 제도권 교회들에 갇혀 억압당하고 있는 디오니소스의 원초적 본능을 끄집어내어 영혼들을 열광시킨다.

기존 교회신앙에서 용납 못할 소리를 질러도 아멘! 하고 열광하면서 교주를 신(神)으로 착각하게 만든다. 지금 보는 JMS라는 정명석이나 전광훈교도 마찬가지다. 전형적 디오니소스의 현대판 표상들이다.

이디오니소스적 정신은 사탄악령이 교주를 이용해 영혼들을 타락시킬 문화적 코드요 수단이다. 디오니소스적 파토스(pathos)가 교회신앙이나 신학에 들어올 때 오순절식 열광주의나 광란적 신비주의로 또는 괴이(怪異)한 변형을 일으켜 영혼을 오염시키고 이성을 잃게 만들 수 있다.

정명석교, 전광훈교 모두 극단을 달리는 모험주의고 열광을 수반한 광란(狂亂)적 행태다. 디오니소스적 스피릿(spirit)을 악용한 사탄의 트릭(trick)이 개입할 수 있음을 유념해야한다. 탈출만이 답이다. 맹목적 추종은 패가망신이고 정신의 혼란과 타락일 뿐이다.

정명석교야 타락의 끝판왕이어서 말할 것도 없지만 광화문의 전광훈교는 주사파 척결이라는 애국브랜드를 외피로 쓰고 있어서 식별을 어렵게 한다. 그 애국 장광설에 넋이 나가버린다.

이런 점을 악용해 〈하나님 사표 내라! 나하고 바꾸자〉라는 막말까지 한다.
사탄의 디오니소스식 광란을 수행하는 중일까? 신의 자리까지 기어 올라가려는 모양이다. 루시퍼가 하나님 보좌를 찬탈하려다 심판 받고 추락한 그 전철을 밟으려는가?

인간론에서 영혼(靈魂)의 문제

　인간의 본질이 무엇인지를 규명하는 데 영혼의 문제를 등한시 할 수 없다. 몸이 구체적 자아(自我)임을 실감하면서도 정신적 주체로서의 영혼을 도외시하는 한 인간의 정체성과 본질에 관한 논의는 끝없는 방황일 뿐이다.
　고대에서 중세까지 영혼을 중요시하던 풍조는 근세와 현대에 이르면서 퇴조하고 유물론적 몸을 메인으로 하는 흐름에 따라 영혼으로서의 인간이해는 실종된 추세이다.
　하지만 인간은 신체로 다 설명될 수 없고 영혼육체 이원론적 고찰을 피할 수 없는 게 현실이다. 이원론에 안티하고 발작하는 것에 휘둘릴 필요가 없다. 이원적 일원인격체로서의 인간조건인 영혼육체 이원성은 부활체가 되면서 초극된다. 현세에서 부디 이원성을 무시하고 대드는 건 미련무지한 사회구원론자들의 노래일 뿐이다.
　영혼문제를 도외시하고는 인간의 출현과 사후문제 인간의 본질규명 등에서 속수무책일 것이고 고작 한다는 게 유물론적 인본주의로 허덕이다 혼란해지고 말게 마련이다.
　성경의 창세기 2장7절은
　여호와 하나님이 땅의 흙으로 사람을 지으시고 생기를 그 코에 불어 넣으시니 사람이 생령이 되니라 하였다.

여기에 코에 불어넣은 생기(生氣)는 히브리어 '하임'이란 생(生)과 '니쉬마트'라는 기(氣)가 합하여 된 말인데 숨, 호흡, 기운, 영혼 등으로 번역되는 '니쉬마트'와 살다, 활발하다 등에서 유래해 생명으로 번역되는 '하임'과 결합된 말이다(oxford commentary).

'사람이 생령(生靈)이 되니라'를 여러 성경들은 다양하게 옮기고 있다.

개역개정 사람이 생령이 되니라.
공동번역 사람이 되고 숨을 쉬었다.
표준새번역 사람이 생명체가 되었다.

ESV   became a living creature 사람이 생물이 되었다.
NKJV became living being 사람이 살아있는 존재가 되었다.
NASB 위와 같음
NIV   위와 같음
NEB   became a living creature 사람이 생물이 되었다
NLT   became a living person 사람이 살아있는 인격체가 되었다
KJV   became a living soul 사람이 살아있는 영혼이 되었다.

여기서 KJV 버전만은 사람을 영혼(靈魂)으로 옮기고 있다. 인간은 살아있는 영혼인 것이다. 이 번역이 가장 좋다.

하나님이 흙으로 지은 인간의 코에 불어넣은 생기는 바로 영혼인 것이다. 그러면 인간의 몸은 땅에서 취한 것이고 영혼은 하나님이 불어넣은 것이 된다. 그렇다면 육체는 그 고향이 흙이

기 때문에 죽고 흙으로 간다. 반면 영혼은 하나님께로부터 온 것이어서 하나님이 그 본향이다.

창세기 2장 19절에,

네가 흙으로 돌아갈 때까지
얼굴에 땀을 흘려야 먹을 것을 얻으리니
네가 그것에서 취함을 입었음이라
너는 흙이니 흙으로 돌아갈 것이니라.

말씀하신 대로 우리 육체는 아무리 가꾸고 안 죽으려 해도 결국 흙으로 가게 된다. 그리스도의 재림과 함께 성도들이 부활의 몸을 입기 전까지는 육신은 어디까지나 흙이다.

단 영혼은 구원받은 성도일 경우 본향인 하나님의 천국으로 가게 된다. 그리스도의 십자가 보혈(寶血)은 우리 인간의 죄를 대속하신 화목제물이었다. 찬송에,

그 피를 보고 믿는 자는~
주의 진노를 면하겠네~
주의 보혈 능력 있도다~
주의 피 믿으오!~
주의 보혈 그 어린양의~
매우 귀중한 피로다~

한 그대로이다.

우리 육체는 피조성 죄성 유한성에 묶여 자연의 인과율과 사회적 조건들의 제약 속에 시달리며 한 생을 산다. 하지만 육체를 사용하여 인격 활동을 하던 영혼은 죽음에서 초월된 존재이다.

606장 찬송

해보다 더 밝은 저 천국~
믿음만 가지고 가겠네 ~
믿는 자 위하여 있을 곳~
우리 주 예비해 두셨네~
며칠 후 며칠 후 ~
요단강 건너가 만나리~

그대로이다.

살아계신 하나님의 말씀인
성경 앞에서

유물론
진화론
빅뱅이론
인본주의
범신론
현세 유일주의

육체 절대주의
천국지옥 심판에 대한 안티썰
마르크스 공산 망상주의
네오막스 음란타락주의
과학 맹신주의

이런 것들이 모두 깨지고 만다. 특히 영혼이 없다며 뇌가 죽으면 끝이라고 난리부리는 썰들이 설 자리가 없다.

우리 주님 그리스도께서는 오른편 강도에게

내가 진실로 네게 이르노니
오늘 네가 나와 함께
낙원에 있으리라 하셨다 [눅 23:43]

주이상스(Jouissance)

성폭행에 저항하다가 혀를 깨물어 60년간 가해자로 있었던 여인의 애기와 프랑스에서 아내에게 엽기적 행위를 한 남편이 20년 징역형 받은 기사를 보면서 에로스가 무엇인가 하는 의문을 낳게 한다.

인간은 즐거움, 즉 쾌락을 추구하는 존재이다. 프랑스 철학에서 주이상스(Jouissance)라는 단어가 쾌락이나 즐거움을 뜻하는데 단순한 기쁨이나 즐거움을 넘어서는 개념으로 사용되고 있다. 특히 정신분석학 같은 데서 중요하게 다뤄지며 자크 라캉(Jacques Lacan)이 이를 중요시한 것으로 알려지고 있다. 이 주이상스는 일상적 쾌락(pleasure)을 넘어서는 강열한 경험까지를 포함한다.

특이한 것은 우리가 느끼는 쾌락과 달리 고통과도 연관 짓는다. 아울러 사회적 규범, 법, 도덕 등이 억제하거나 금지하는 욕망을 초과하는 행위와도 연관시킨다. 이런 금지된 것을 넘어설 때 오는 즐거움과 동시에 불편함과 고통을 수반하는 심리까지를 포함하고 있다.

이 주이상스가 육체적 쾌락이나 성적 경험과도 연관되지만 여기에 국한되지는 않는다. 이렇게 여러 측면을 포괄하면서 인간 욕망의 본질을 드러내는 개념이다.

라캉은 인간의 언어가 욕망의 구조로 되어있다고 한다. 그래서 이 주이상스 역시 언어적 상징체계와 얽혀져 있으면서 욕망을 드러낸다고 본다. 인간은 언어를 통해 욕망을 표현한다. 하지만 언어로는 욕망을 충족시킬 수 없기 때문에 주이상스는 항상 결핍을 동반한다고 본다.

과거 한신대의 장일조 교수는 『욕망과 충족의 변증법적 체계』라는 저서를 냈었는데 인간의 삶은 욕망과 그 욕망의 충족을 위해 변증법적 활동을 한다는 내용이었다.

인간 삶을 욕망으로 단순화시킨 점은 있지만 중요한 통찰이었다. 이 주이상스는 자유를 추구하면서도 사회적 억압과 규율의 한계를 마주하는 데서 오는 쾌락과 고통을 동시에 말한다. 금기를 깨는 즐거움과 그 금기 파괴에서 오는 처벌의 두려움이 공존하는 심리이다.

또 알랭 바디우(Alain Badiou)같은 철학자는 주이상스를 정치적 맥락에서 논의하는데 집단적 저항에서 오는 쾌락과 처벌의 양극적 심리를 다루는 것으로도 알려진다.

여기에서 자크 라캉과 조르주 바타이유(Georges Bataille)라는 철학자 간의 주이상스에 대한 견해들의 차이를 (알려진 대로) 좀 스쳐본다면, 라캉의 주이상스 개념은 인간 존재의 복잡한 욕망과 결핍을 이해하는 핵심적인 개념이고 바타이유는 주이상스를 더 직접적이고 에로틱한 경험으로 이해한다고 볼 수 있다.

그의 주이상스 개념은 쾌락과 고통이 결합된 경험, 즉 금지된 것에 대한 욕망을 중요시한다. 에로티시즘과 죽음의 욕망, 자기 파괴적인 자살의 충동 등이 주이상스를 형성한다고 본다. 그러니까 바타이유는 인간의 성적 충동과 사회적 금기가 주이상스의 중요한 동기라고 보면서 이러한 욕망은 인간이 자신의 존재의 한계를 초과하려는 욕망에서 비롯된 것이라고 여긴다. 즉 바타이유는 주이상스를 에로티시즘, 고통, 금기를 넘어서 자기파괴적 본능까지를 포함하는 경험으로 이해하고 있는 것이다.

결국 라캉은 주이상스를 심리학적, 철학적 관점에서 다루면서 욕망과 언어의 관계를 중시했다면 바타이유는 주이상스를 에로틱한 육체적이고 금기적인 경험으로 다루며 그것이 인간 존재의 근본적인 충동과 자기파괴와 연결된 것으로 본다.

칸트는 제3비판서인 『판단력 비판』에서 미(美)를 상상력과 지성의 자유로운 조화에서 오는 즐거움으로 설명한다. 대상을 순수하게 바라볼 때 느끼는 무조건적이고 자유로운 기쁨이라고 이해하면 되겠는데 칸트는 워낙 경건한 사람이어서 이성의 지배하에 욕망을 통제해야 한다고 강조한다.

하지만 성적쾌락은 순수이성의 명령과 무관한 감각적 욕망이어서 통제되기 어려운 게 사실이다. 칸트는 이성으로 통제되지 않은 성적 쾌락본능이 도덕적 타락으로 이어질 것을 경고하면서 인간이 쾌락본능에 지배당하는 것을 경계한다. 그는 계몽시대의 정점인 이성의 사람이었기에 당연한 결론이었을 것이다. 이성은 욕망의 도구적 성격이 강하고 욕망을 구현하는 동기를 제공하기도 한다는 점에서 이성의 한계를 또한 말하지 않을 수 없다. 칸트의 윤리를 형식주의라고 하는 이유도 여기에 있을 것이다.

삶에서 아름다움, 쾌락, 즐거움의 추구는 삶의 중요한 동력임에 틀림없다. 문명과 문화의 콘텐츠가 이것의 추구라고 봐도 무방할 것이다. 하지만 인간은 여기에 더하여 초월의 본능, 즉 종교적 욕망을 도외시할 수 없다. 인간 자신이나 자연에게서 느끼는 미(美)나 쾌락은 그 자체로서 영속성이 있을 수 없다. 그냥 스쳐가는 감각 작용의 산물일 뿐이다. 허무를 수반하는 순간의 즐거움일 뿐이다. 이렇게 육체적 쾌락본능, 특히 에로틱 리비도가 한편에서 생육하고 번성하며 땅을 정복케 하는 문명과 문화의 동력이면서 다른 한편으로는 파괴적 힘으로 작용해 고통을 수반한다.

야곱의 외동딸 디나는 저녁시간 잠깐 동안의 외출이 큰 비극을 불러 일으켜 수많은 생명이 살상 당했다. [창 34]

다윗왕의 큰아들 암논은 이복여동생 다말을 성폭행한 값으로 죽임을 당했고 다말의 친오빠 압살롬은 그 일로 아버지 다윗에게 반란을 일으켜 큰 재앙을 만들어 낸다. [삼하]

이렇게 에로스는 생명과 쾌락을 만들어 내는 동력이면서 비극의 원인자로서의 작용 또한 서슴지 않는다. 주이상스, 에로스, 리비도 이 모두는 인간 삶의 동력이면서 또한 고통을 유발하는 에네르기아인 셈이다. 인간은 이 모순적 실존을 삶으로 구현해야 하는 고달픈 순례자일까!

악의 기원은 어디일까

　새해맞이가 이렇게 아픈 적이 있었을까. 무안에서의 비행기 참사와 계엄 사태로 국정의 혼란은 마음을 무겁게 하면서 존재에 대한 본질적 질문을 던지게 한다. 하나님이 살아 계시고 그 하나님이 선하시고 의(義)로우시며 거룩하시고 사랑이시며, 만유를 주관하고 계시다면 이런 참사가 왜 일어나는 걸까!
　이런 질문은 기독교 신학에서 난제에 속한다. 하나님의 섭리적 허용(許容) 가운데 이런 일이 발생한다면 그 하나님의 허용하심 안에는 속성상 악과 고통이 내포되었거나 어떤 메커니즘이 있지 않은가 하는 의문을 갖게 한다.
　물론 교회 역사에는 이런 부분을 설명하기 위한 신정론(神正論) 또는 변신론(辯神論) 등이 있었지만 충족적이지 못하고 언제나 아쉬움이 남는다. 물론 하나님은 영원 절대이시며 만유를 초월하시기 때문에 우리 피조물이 하나님의 섭리와 그 속성을 다 파악할 수 없음은 당연하다. 하지만 이성적 존재자로서 인간의 질문은 일어나게 마련일 것이다. 신학에서 보자면 좀 아웃사이더들이긴 하지만 하나님의 속성 안에 악이나 고통 등의 비극적 속성이 내포되어 있다는 사고를 한 사상가들을 스쳐보고자 한다.
　우선 헤겔(Hegel)을 보자면 그는 세상의 모든 사건과 일들이 절대정신의 자기 전개이다. 이 절대정신(Absolute Geist)은 신학으로 말하자면 하나님이 세계를 주관하시는 활동 그 자체이다. 즉 하나님이신 것이다(물론 철학적으로는 하나님 자신이라고는 표현하지 않는다). 이 절대정신은 모든 실재와 역사적 전개를 포함하는 궁극적이고 통합적인 원리이다. 이 점에서 보자면 대소 사건은 물론 개별 인간의 행동조차 절대정신의 표현이므로 모든 사건 사고의 궁극적 원인자는 절대정신이 된다.

물론 여기서 절대정신이 모든 것을 주도한다고 해서 인간의 도덕적 책임이 면제되는 것은 아니며 도덕적 책임과 절대정신의 자기 전개와 모순되지 않는다고 하지만 어떻든 헤겔에 의하면 모든 사건사고나 비극들까지도 절대정신의 자기 전개를 실현하는 과정서 발생한 것들이기에 궁극적 발생 원인자는 절대정신인 것이다. 헤겔은 "필연(절대정신의 자기 전개)을 자각하여 자유를 실현한다"라고 하지만 개인의 사적 욕망이나 그 욕망에 지배당하는 상태에서 필연을 인식하고 거기에 합치한다는 것은 어려운 일일 것이다. 여기서 그것을 상론하자는 것은 아니기에 헤겔 철학이 절대정신(하나님의 세계 경영 활동)에게서 모든 부정성까지도 원인을 갖는다는 정도로 마감한다.

다음으로 야곱 뵈메(Jakob Bohme)의 겨우를 알아본다면 야곱뵈메는 신(神)과 악(惡)의 관계를 독특하게 이해한다. 그는 신(神)의 본질을 "대립적 속성들의 통합"으로 본다. "신(神)은 스스로 내적 갈등과 대립을 포함하는 존재"라고 주장하는데 신(神)의 창조와 자기표현 과정에서 악(惡)이 나타날 수 있다고 한다. 그는 신의 본질을 "빛과 어두움", "사랑과 분노"라는 상반된 속성으로 구성되었다고 본다. 이런 대립적 속성은 신(神) 안에 내재되었으며 창조 과정에서 이 대립이 드러난다고 설명한다. 뵈메에 따르면 "악은 신의 창조적 자기 인식 과정에서 나타나는 필연적 결과"이다. 신(神)이 자기를 인식하고 표현하는 과정에서 "분리"가 발생하고 이로 인해 "부정적 속성인 악(惡)이 창조의 일부로 등장"하게 된다.

그는 이것을 "신(神)의 그림자"라고 불렀으며 이 악은 독립된 실체가 아니고 "선한 신(神)의 본질 안에서 나온 반작용적인 힘"인 것이며 이 악(惡)이 단순히 파괴적이기만 한 게 아니고 "하나님의 궁극적 선(善)을 실현하기 위한 필연적 도구"로 사용된다고 말한다. 이런 뵈메의 사상은 헤겔 또는 마르크스에게까지 영향을 줘 변증법이란 사유를 낳게 된다. 악이 신의 본질과 창조의 일부로 존재할 수 있다는 뵈메의 주장은 신학에서 수용할 수 없기 때문에 핍박을 받았지만 우리는 참고만 하는 것이다.

하나님의 속성에 악(惡)이 포함되거나 신(神)이 악(惡)의 기원이 될 수 있다고 본 사상가들은 이 밖에도 여럿 있는데 마르키 드 사드(Sad), 니체(Nietzsche), 스피노자(Spinoza), 괴테(Goethe), 들뢰즈(Deleuze) 등의 이름들이 거론된다. 특히 범신론자인 스피노자는 신[자연]을 모든 존재의 근원으로 간주하며 선과 악을 인간의 관점에서 생겨난 상대적인 개념으로 보고 따라서 신의 속성 안에는 선과 악의 구분이 없고 인간이 볼 때 그 악이란 것도 신의 본질[자연의 법칙]에서 나오는 것이며 인간이 그것을 부정적으로 인식할 뿐이라고 보았다.

그에게 신(神)은 곧 자연(自然)이다. 괴테는 파우스트에서 악이 신의 계획의 일부로 존재하며 악 자체가 선을 이루는 도구로 사용된다는 생각을 보이고 있다.

질 들뢰즈(Gilles Deleuze, 1925~1995)나 가타리(Pierre-Félix Guattari, 1930~1992)는 전통적인 선과 악의 구분을 해체하면서 세계의 모든 힘과 사건이 동일한 근원에서 나온다고 주장하면서 신이든 자연이든 근원자는 악을 포함할 수 있는 무한한 가능성을 가졌다고 본다.

이상 악과 고통의 근원을 추적해 온 사상가들을 주마간산으로 스쳐봤지만 여전히 우리의 이성은 본질에 다가갈 능력이 안 된다는 한계 인식을 저버릴 수 없다.

아픔을 안은 채 새해를 맞으며 우리는 절대자 하나님 앞에 겸손히 엎드려져 낮아질 수밖에 없는 유한자임을 절감할 따름이다 (새해 첫날에).

쇼펜하우어의 직관(intution)론

쇼펜하우어(Schopenhauer)는 칸트(Kant)의 영향을 받아 인간의 지식을 두 가지로 구분했는데 지각과 경험을 통해 얻은 감각적 지식인 〈직관적 지식〉과 추상적 사고와 언어를 통해 형성된 이성적 지식인 〈개념적 지식〉 두 가지로 구분한다. 쇼펜하우어는 이 개념(concept)적 지식에 대해서는 비판적이었다. 개념적 지식은 현실 세계를 직접적으로 반영하지 못한다고 보았다. 개념은 현실의 구체적이고 살아있는 경험을 추상화한 것이기 때문에 실제로 느끼고 경험하는 삶의 본질을 왜곡할 수 있다고 지적한다.

그는 칸트가 현상계와 본체계로 구분한 것을 수용하여 개념적 지식은 단지 현상계를 이해하는데 머무를 뿐 세계의 본질(물자체(Ding an Sich)라고 해 현상계를 만들어낸 근본세계를 말한다. 본체계이고 신학으로는 신(神)에 해당)을 파악하지 못한다고 주장한다.

개념은 현상을 설명하는데 유용하지만 세계의 본질적 실재는 〈의지(will)〉로 표현되고 있기 때문에 이를 개념으로는 파악할 수 없다는 얘기이다. 그는 개념적 지식을 의지가 자신을 실현하기 위해 사용하는 도구라고 생각했다. 이성적 사고는 인간의 욕망과 의지를 충족시키기 위한 수단으로 기능하며 궁극적으로는 의지에 종속된다고 보았다. 그래서 쇼펜하우어는 개념적 지식보다 예술적 직관이나 경험적 지식을 더 높이 평가하면서 예술이 인간의 의지를 초월하여 세계의 본질에 대한 직관적 이해를 가능케 한다고 보았다. 즉 예술가는 개념적 사고가 아니라 감각적 직관을 통해 의지의 본질을 파악한다고 믿었다. 그러니까 개념적 지식이 일상적이고 실용적인 면에서는 유용할 수 있지만 세계의 본질적이고 근원적인 진리를 파악하는 데는 한계가 있다고 평가하면서 직관적이고 감각적인 지식, 특히 예술적 통찰이 이러한 한계를 극복하는 더 나은 수단이라고 한다.

쇼펜하우어에게서는 스스로 생각하는 게 직관이고 누군가가 외부에서 완성해 놓은 생각이 개념이 된다. 개념은 보편적 일반이 공유하는 지식이고 이 개념적 지식이 보편이란 권력을 가지고 있기 때문에 누구나 그 개념적 지식들을 따라 살게 된다.

그럴 경우 개인에게 직관이란 자체가 없기 쉽다. 쇼펜하우어는 이런 보편지식인 개념으로는 세계의 본질에 다가갈 수 없고 직관이라야 된다는 주장이다. 개념을 따라 살면 남들에게 끌려가는 것이고 직관이라야 자기 삶을 사는 거란 얘기이다. 하루를 살아도 내 삶을 살자는 게 직관에 의존한 삶이다. 그래서 쇼펜하우어는 개념보다 직관을 우선하라고 한다. 개념은 공통어이고 직관은 나의 주관이 직접 판단하고 결정하는 것이다.

쇼펜하우어는 의지의 철학자이다. 의지가 세계의 본질인 것이고 현상계는 의지가 표상된 것이다. 그래서 『의지와 표상으로서의 세계』인 것이다. 그는 자연도 의지를 가지고 있으며 이 자연의 의지는 인간의 의지와 같은 것이며 칸트가 알 수 없다는 물자체(Ding an Sich)도 인간의 의지로 들어와 있다고 한다. 그가 직관을 중요시하는 건 직관으로 세계의 본질인 의지(will, wille)에 접근이 가능하다고 보아서인 것이다.

　우리가 그럼 쇼펜하우어의 주장대로 직관이 세계의 본질에 다가갈 수 있으며 예술 같은 것으로 현상계를 초월한 본질의 세계에 다가갈 수 있을까를 새겨봐야 한다. 의지의 철학자인 쇼펜하우어에게서 세계의 본질은 의지이니까. 그 의지란 것과 직관이 매칭될 수 있다고 여기겠지만 그것은 온전한 답일 수 없다. 왜냐면 세계의 본질이 의지라고 한들 그 의지의 출처는 어디일까를 따져야 하고 또 직관이란 기능으로 그런 차원들에 다가갈 수 있냐는 것이다. 나의 의지와 세계의 의지를 한데 묶어도 답이 없다. 그 의지의 발원지가 어디냐 말이며 예술 활동 같은 것으로 그런 세계를 터치할 수 있단 말인가?

　안 된다. 인간은 피조물이며 유한자이고 세계의 주인이 아니고 객체이며 실존주의 말대로 피투(被投), 즉 내 던져진 자이다. 스스로는 세계의 본질을 파악도 그 본질에 접근도 안 되는 자이다. 할 수 없이 세계의 오너이신 분의 계시에 근거를 두어야 할 실존이다. 즉 신앙 없인 세계의 본질은 물론 자기 삶의 의미조차 알지 못하고 방황하는 자일뿐이다. 의지가 세계의 본질이라면 그 의지를 낳으신 분이 세계의 궁극적 원인자인 것이고 그분 안에서만 참된 인식과 궁극적 안식을 얻게 된다. 성경신앙만이 구원과 참된 지식의 유일한 길이 아닐 수 없다.

　　여호와께서 내 음성과 내 간구를 들으시므로
　　내가 그를 사랑하는도다 [시 116:1]

하나님의 모략과 이성의 간지

성경이 말하는 〈하나님의 모략(謀略, God's trategy)〉과 헤겔의 〈이성의 간지(奸智, List der Vernunft)〉 사이에는 유사한 점이 있다. 하나님의 모략은 인간의 한계를 초월한 신(神)적 지혜이며 그 계획이고 〈이성의 간지〉라고 할 때 이성은 〈절대정신〉을 말한다.

이 절대정신은 절대자인 창조주가 세계 내에서 자기를 실현해 나가는 과정이다. 신학적으로 말하자면 하나님의 역사속 자기 전개인 것이다. 하나는 신학 또 하나는 철학적 배경이지만 세계 역사 전개에서 어떤 궁극적 목적이 이뤄진다는 점에서 유사한 개념임을 알게 한다. 성경에서는 하나님이 역사의 주관자이시며 인간과 세계를 향한 하나님의 모략(계획)이 궁극적으로 선을 이루게 된다고 말한다. 이 역사 전개 과정에서 악이나 어떤 부정적 파괴성이 있어도 하나님의 모략은 인간의 이해를 초월한 신비로운 방식으로 이뤄지며 이러한 악이나 고난조차도 궁극적으로는 하나님의 계획을 이뤄나가는 도구로 사용된다. [롬 8:28]

헤겔 철학에서 〈이성의 간지〉는 역사 속에서 인간의 행위와 의도가 궁극적으로 이성[절대정신]의 목적을 이루는 도구로 사용된다는 개념이다. 개인은 자신의 욕망이나 이기적 의도를 따라 행위하지만 이러한 행위는 결과적으로 전체 역사의 발전과 절대정신의 전개를 이루는데 기여하게 된다. 이 모두가 속이거나 비밀리에 인간이 파악할 수 없는 술책을 쓴다는 함의가 있다.

〈하나님의 모략〉과 〈이성의 간지〉 모두 개별적 사건과 행동들이 더 큰 목적을 이루기 위한 수단으로 작용한다는 점에서 유사하다. 하나님은 인간의 이해를 초월한 방식으로 역사를 인도하신다. 헤겔은 인간의 의도와 욕망, 행동이 결과적으로 절대정신의 자기 전개를 실현한다고 본다. 성경에서는 악과 고난, 심지어 사탄의 활동까지도 하나님의 선하신 목적을 이루는데 사용되고 있다. 하나님의 모략이나 이성의 간지 모두 역사를 무작위적 사건의 집합으로 보지 않고 궁극적 목적을 향해 나아가는 과정으로 이해한다.

〈하나님의 모략〉은 초월적이고 인격적인 하나님이 직접 역사와 인간의 삶을 주관하신다는 신앙적 개념인데 비해 〈이성의 간지〉는 이성(절대정신)이 역사 안에서 스스로를 전개하는 철학적 체계이다. 성경에서는 하나님의 절대주권과 모략 속에서도 인간은 자유의지를 갖고 선택하며 그 선택에 대한 책임을 진다. 하지만 헤겔에게서는 〈인간의 자유조차도 절대정신의 자기 전개의 일부〉로 본다는 점에서 결정론적 성격이 강하다.

두 개념은 신앙적 차원에서의 초월성과 철학적 체계로서의 내재성이란 차이가 있지만 〈하나님의 모략〉이라고 하든 〈이성의 간지〉라고 하든 역사가 목적을 가지고 전개되고 있다는 점에서는 일치를 보이고 있다. 헤겔은 여러 면에서 기독교 신학을 철학적 체계로 서술하고 있다는 인상을 준다. 아무튼 우리는 이 존재세계가 무목적하고 방치된 것이거나 우연들의 집합으로 굴러가는 덩어리가 아니고 창조자의 선하신 목적과 구원을 이뤄

가시는 세계인 것을 성경신앙에서 확인하고 존재의 의미와 가치를 획득하게 된다. 성경 떠나서 어떻게 존재세계를 설명하고 존재의 가치와 의미를 얻어낸단 말인가!

> 땅의 모든 끝이 여호와를 기억하고 돌아오며
> 모든 나라의 모든 족속이 주 앞에서 예배하리니
> 나라는 여호와의 것이요
> 여호와는 모든 나라의 주재이심이로다 [시 22:27,28]

인간은 운명을 결정 당한 존재일까

결정론(決定論, determinism)은 숙명론으로 여겨질 수 있는 이론인데 모든 사물과 사태는 이전 원인들에 의해 조건이 지워졌다는 것이고 특히 인간의 자유의지 사용도 이전 원인의 지배를 받아 행해지기 때문에 이미 결정되어졌다는 주장이다. 즉 자유의지를 인정하지 않게 되는 사유이다.

물론 결정론에서도 기계적 결정론과 변증법적 결정론은 강도에 있어서 다르다. 후자가 유연한데 비해 기계적 결정론은 강성이라고나 할까. 자유의지를 부정하는 특징을 갖는다. 기계적 결정론이 인간 행위나 그 행위를 둘러싼 모든 사물이 어떻게 될 것인가 하는 게 미리 정해졌다는 숙명론적 경향이다. 그에 반해 변증법적 결정론은 자연과 사회의 사물과 현상들에 합법칙적 인과관계가 있음을 인정하고 인간의 자유의지 사용으로 인간과 사회 그리고 환경을 목적의식을 가지고 변혁시켜 나갈 수 있다고 본다.

여기서 잠깐 정신분석학으로 영향을 끼쳤던 프로이트(Freud)의 심리학에 내포된 결정론적 요소를 살펴보려 하는데 그는 인간의 행동과 정신 상태가 무의식적인 동기, 특히 어린 시절 경험과 본능적 충동(리비도)에 의해 결정된다고 보았다. 즉 인간의 의식적인 선택과 자유의지는 무의적인 요인의 영향을 강하게 받으며, 단순한 우연이나 자율적인 결정보다는 심층적인 심리 기재가 행동을 결정한다고 보았다. 즉 우연한 행동은 없다고 보았으며 실수, 농담, 꿈 등도 모두 무의식적 욕망과 갈등의 결과라고 해석했다.

이를 프로이트의 결정론이라고 하는데 어떤 사람은 이를 '정신적 결정론(psychic determinism)'으로 부르기도 한다. 그는 인간의 행동은 쾌락 원칙과 현실 원칙에 따라 결정된다고 보았다. 특히 성적 충동(리비도)과 공격적 충동(타나토스)이 무의식적으로 인간의 행동을 유발시킨다고 주장한다.

예로 어릴 때 부모와의 관계에서 애정 결핍을 경험한 사람은 성인이 돼서도 대인 관계에서 불안을 느낀다. 결국 프로이트의 입장에서 보면 인간은 자신의 행동을 자유롭게 결정하는 존재라기보다는 무의식적인 기재와 과거 경험의 영향을 받아 행동하는 존재인 것이다.

여기서 우리는 헤겔(Hegel)의 결정론적 역사관도 잠깐 살펴볼 필요가 있다. 프로이트가 개인의 무의식이 필연을 낳는다고 보는 입장이라면 헤겔의 역사적 결정론은 역사 전체의 필연적 전개를 설명한다. 헤겔의 절대정신(絶對情神, absoluter Geist)은 신(神)의 이념인 이데(Idee)가 변증법적으로 자기를 전개하는 과정을 말한다. 여기서 개인들이나 모든 정신적 주체들은 이 절대정신의 자기 전개에서 사용되는 개체들이 된다.

사실 이러한 헤겔의 절대정신 개념에서 보자면 개인들의 자유로운 행동들조차 전부가 다 절대정신의 자기 전개의 일부이기 때문에 개인의 자유란 없다고 여겨질 만큼의 도그매틱 이론이다. 헤겔은 "자유는 필연의 인식"이라고 한다. 이는 개체의 자유로운 선택이나 행위도 모두 절대정신이 설계하고 이끄는 것을 실행하는 것에 불과하기 때문에 자유로운 행위도 모두가 절대정신이 마련해 놓은 필연을 그냥 자유라고 느끼며 행할 뿐이란 얘기이다. 아마 헤겔은 이 부분을 이성(理性)의 간지(奸智, List der Vernunft)로 설명하고 있을 것이다. 하지만 세계정신[절대정신]이 교활하게 자기를 실현시킨다는 이런 설명으로는 충족적일 수 없을 것이다.

이러한 결정론들은 개별 정신들의 자유가 어떻게 필연과 연결될 수 있는지를 설명하는데 어려움과 한계를 보인다. 결국 결정론적 세계관을 유지하면서도 개별 정신의 자유를 명확하게 설명할 가능성은 잘 보이지 않는다. 강한 결정론으로 보자면 개별자의 자유란 착각에 불과한 오류일 뿐이고 개체의 정신들은 로봇에 지나지 않게 된다.

프로이트나 헤겔 모두에게서 이런 난제는 명쾌하게 풀 수 없는 과제일 것이다. 인간이 자유롭다고 믿던 결정되었다고 보든 우리는 주어진 조건 안에서 살아갈 수밖에 없는 존재인데 한 가지 거부할 수 없는 사실은 우리의 의지, 감정, 욕망할 것 없이 정신과 육체 현상 모두가 우리의 의지와 무관하게 받은 것, 주어진 것, 내던져진 것이라는 점에서 역시 우린 피조물이고 유한자이며 프로그래밍 되어 결정 당한 실존들이란 점에서 결정론을 무시할 수만은 없는 존재자들일 것이다.

　지혜는 어디서 얻으며 명철이 있는 곳은 어디인고
　그 길을 사람이 알지 못하나니
　사람 사는 땅에서 찾을 수 없구나 [욥 28:12,13]

자연의 찢김

 큰 화재로 산들이 불타며 인명 피해가 속출하고 있어 사람들 중에는 이렇게 동시다발적으로 산불이 발생하는 것에 대해 반국가 세력의 소행으로 여기는 경우도 있는 모양이지만 그 사정은 우리가 알 수 없다.
 형식상으로만 보면 인간은 자연의 일부분이고 자연에서 와서 자연으로 회귀한다. 다만 인간은 정신 현상을 가진 자로서 자신과 자연에 관한 질문을 던지며 종교 또는 형이상학(形而上學)적 주제에 몰두하며 자연으로 회귀하고 마는 자신의 운명을 초극(超克)하고자 애쓴다. 자연은 자연(自然)이란 글자 그대로 스스로 움직이거나 존재하는 것일까. 아니면 자연 그 자체를 존재케 하고 운행하는 주체가 있을까.
 여기에 대해 기독교 신학은 자연 자체를 피조물로 규정하고 창조하신 분의 의지를 따라 자연이 발생했고 지금도 자연, 즉 존재세계 모두를 창조주 하나님이신 여호와께서 주관, 섭리하신다고 본다. 창조주이신 하나님의 허락 없이 존재하거나 생명 활동할 대상은 전무하다.
 참새 두 마리가 한 앗사리온에 팔리거나 한 마리가 땅에 떨어지는 것조차도 하나님의 허락 없이는 될 수 없다고 하신다[마 10:29]. 즉 만유의 존재 가능성과 그 지속성 자체가 창조주이신 하나님께 의존돼 있다는 말씀이다. 인간을 포함한 이 자연 세계에 고통과 악이 있는 것도 인간의 죄로 인해 창조주를 떠난 결과라고 말한다. 성경은 피조물이 다 탄식하며 고통을 겪는다고 말씀한다 [롬8:18].

독일의 자연철학자 중에 셸링(Schelling, 1775~1854)이 있었는데 이 사람이 '자연의 찢김(Zerrissenheit der Natur)'이란 개념을 사용했었다. 이 개념은 자연이 하나의 조화로운 전체라기보다는 내적으로 분열된 상태에 있다는 생각이다. 즉 자연이 하나의 단일한 원리에 의해 통합되어 움직이는 게 아니고 서로 충돌하는 두 가지 힘 사이에서 균형을 이루려고 긴장하면서 존재한다는 것이다.

그 두 가지 힘이란 '무한한 힘'과 '유한한 형식'을 말하는데 자연은 무한한 생명력을 지니고 있어 예로 나무가 계속 자라나거나 동물들도 계속 힘을 내려는 운동이 있고, 반면 '유한성(유한한 형식)'은 일정한 형태를 유지하려는 힘인데 나무가 무한정 자라지 못하게 하고 동물도 무한정 활동하게 두는 것이 아니라 유한한 규제를 당한다는 것이다.

종마다 특정한 형태와 크기로 제한되어 있다. 예로 인간도 아무리 크려고 해도 3미터 미만일 수밖에 없다. 이것은 유한한 형식을 배당 받았기 때문이며 자연 내에는 이러한 규제의 원리가 작동한다는 게 셸링의 생각이다. 이렇게 두 가지의 힘이 완전히 조화를 이루지 못하기 때문에 자연은 내적으로 '찢겨 있다'라고 할 수 있다는 얘기이다.

이러한 분열은 인간에게도 적용된다. 자연적 본능인 감각, 충동적 욕망 같은 성질과 이성, 도덕성 사이에서 갈등을 겪는다.

이것도 셸링에 의하면 '자연의 찢김'인 것이다. 우리는 한편으로는 본능적 욕망을 따르지만 다른 한편으로는 도덕적이고 이성적 원칙을 따르려 한다. 이 자체가 내적으로 찢겨지는 존재임을 반영한다. 물론 셸링은 자연이 단순한 기계적 구조가 아니기 때문에 내적으로 찢긴 상태 속에서도 자기를 조직화하면서 생명력을 유지하는 존재라고 본다. 그러면서 궁극적으로는 이 찢긴 상태를 극복하고 자연과 인간이 더 높은 조화와 그에 합당한 질서를 만들어 갈 가능성을 보려한다.

기독교회가 이런 찢김이랄까. 고통을 타락 때문에 오는 것으로 원래 선한 상태의 창조를 상실 당한 결과로 보는데 비해 셸링은 이 자연의 찢김이 원래부터 있는, 즉 자연의 본래적인 존재 방식으로 이해한다.

기독교 신학적 표현을 하자면 타락한 상태서의 '피조물의 고통'인 것인데 셸링은 이를 원초적 상태로 본다는 얘기다. 우리는 여기서 셸링의 이 찢김을 헤겔의 변증법과 매칭 시킬 수 있는지를 스쳐볼 수 있다. 이 두 사람은 튀빙겐 대학에서 같이 공부하는 친구이자 경쟁 관계였다가 나중에는 갈등을 겪는다.

셸링이 자연철학과 예술 존재론을 중시하는 한편 헤겔이 논리와 역사 변증법을 중요시하면서 서로를 비판하고 대립관계가 되고 만다. 변증법에서도 서로의 입장 차가 있지만 우리는 셸링의 자연의 찢김을 헤겔의 변증법으로 이해하면서 궁극적으로는 성경이 계시하고 있는 '피조물의 고통'이란 범주 안에서 찢김을 이해하는 게 필요할 것이다.

성경의 역사는 이런 찢김과 고통들을 해결하는 구원 역사인 것이고 마침내는 새 하늘과 새 땅이란 비전으로 수렴되게 된다.

대형 산불로 인한 고통을 보면서 자연에 관한 셸링의 생각들을 아마추어리즘으로 스쳐본 것일 뿐 하나님의 창조와 구원 역사는 인간의 모든 생각을 초월한, 절대자의 모략(謀略)일 것이다.

산불의 조속한 진화를 바라고 희생당하신 분들을 애도하며!

(관련 문헌들 참조했음)

이데아(Idea)와 순수 형상(Pure Form)

사람들이 플라톤은 손가락으로 하늘을 가리키고 아리스토텔레스는 손가락으로 땅을 가리킨다고 한다. 플라톤의 이데아(Idea)와 아리스토텔레스의 순수 형상(Pure Form), Unmoved Move은 모두 변화하는 세계 너머에 존재하는 절대적인 실재를 말한다는 점에서 공통점이 있다. 하지만 방향성과 존재론에서 근본적인 차이가 있다. 공통점에서는 감각적 세계 너머의 실재를 인정한다는 것인데 둘 다 우리가 보고 만지는 감각 세계를 궁극적 실재로 보지 않고 그 너머에 더 참되고 본질적인 것이 있다고 보는 점이다. 또 운동과 변화의 원인제공 문제인데 플라톤의 이데아와 아리스토텔레스의 순수 형상이야말로 이 세계의 변화와 운동의 궁극적 원인이라고 본다.

이렇게 둘 다 불완전한 세계를 넘어서 완전하고 영원한 실재를 상정하는데 플라톤의 이데아는 완전한 본질이고 아리스토텔레스의 순수 형상은 완전한 현실태(entelecheia)이다. 이 현실태, 즉 엔텔레케이아는 아리스토텔레스의 용어로 가능성으로서의 질료가 형상과 결합하면서 현실성을 획득한 상태를 말한다. 즉 가능태로서의 어떤 물질이 형상을 얻으면서 쓸모 있고 유의미한 존재로 된 것인데 이는 플라톤이 이데아와 현실의 물질계를 구별한 것과 달리 형상과 질료의 통일을 추구한 시도였다.

차이점으로는 플라톤의 이데아가 감각 세계의 바깥인 초월적 차원이고 감각 세계는 이데아의 모사(모형-복제관계)이며 현실 세계는 이데아의 그림자이며 변화는 진리, 즉 이데아에서 멀어지는 것이 된다. 플라톤에게서 참된 실재는 변하지 않는 것이어야 한다. 이데아의 세계는 영원불변의 실재여서 변하지 않고 영원하며 자기동일성을 유지하는 본질인 것이다.

반면 우리가 보고 만지는 감각 세계는 항상 변하고 움직이고 사라지며 생겨나곤 한다. 이것은 이데아에서 멀어지는 상태이다. 이데아는 본질이고 완전하고 참된 데 비해 우리가 감각하는 세계는 운동과 변화가 일어나는 세계여서 이는 이데아의 불완전한 복제품 또는 흐릿한 그림자이다. 그러니까 운동과 변화의 세계가 이데아의 본질을 닮으려고 하지만 닮았을 뿐 본질은 아니며 자꾸만 변하다보면 점점 본질인 이데아와 멀어지면서 흐릿하게 된다는 뜻이다.

이렇게 이데아는 변치 않는 참된 실재이고 최고 원리도 모든 이데아의 원천인 선의 이데아(The Idea of Good)가 된다. 반면 아리스토텔레스에게서의 순수 형상은 세계 안에서 내재하면서도 궁극적으로는 초월적인 최고 원인이 된다.

여기서 우리는 플라톤의 이데아와 아리스토텔레스의 순수 형상이 근본적으로 다른 것인가를 의문하게 된다. 왜냐면 아리스토텔레스가 순수 형상을 세계 내에 내재하면서도 궁극적으로는 초월적 원인자로 말하기 때문이다. 단지 아리스토텔레스가 내재를 강조하는 점에서만 차이가 있지 않나 싶다. 그는 형상이 개별 사물 안에 내재한다고 보고 그 내재하는 형식을 모든 존재가 형상과 질료로 구성된다고 본다. 책상을 생각할 때 책상임인 그 디자인은 형상인데 나무는 질료이다. 이렇게 모든 존재를 형상과 질료의 결합으로 본다. 모든 개별자들은 이 형상과 질료의 결합인데 예로 윤석열이라면 윤석열임, 윤석열다움은 윤석열의 형상이고 그의 물질적 몸 같은 구성체들은 질료가 되는 것이다.

또 아리스토텔레스에게서 운동이란 가능태가 현실태로 가는 과정을 말한다. 이 운동에는 목적이 있고 모든 운동은 목적 지향적이다. 그에게서 최고의 원리는 부동의 원동자(不動의 原動者, Un moved Mover)인데 이는 순수 사유이고 최고의 현실태이며 순수형상의 또 다른 이름이다.

순수형상을 질료는 없고 오직 형상만 존재하는 존재로서 질료가 없으므로(질료가 있으면 변해야함) 변화나 운동이 필요 없는 존재로서 철학적 신(神)에 해당한다. 이 순수형상은 자신을 끊임없이 사고하며 완전한 자로 존재하면서 스스로는 움직이지 않지만 만물을 운동시키는 제일 원인인 완전한 현실태가 된다.

플라톤은 우리가 동굴 안에 갇혀 그림자만 보고 있다면서 동굴 밖의 진짜 세계인 이데아가 진정한 실재라고 하는 데 반해 아리스토텔레스는 그 이데아(아리스토텔레스에게는 형상)가 세상 안에 있으며 사물 하나하나가 그 자체로 형상을 가지고 있는 현실적인 존재라고 본다. 여기서 형상이란 말을 설명할 필요가 있는데 한자로 형상(刑象)이라고 하면 의식 속에 떠오르는 감각적 상(image)을 말하고 형상(形相)이라고 하면 그리스어로 eidos이고 영어로는 Form인데 이데아 또는 에이도스를 아리스토텔레스는 형상(形相)이라고 한다. 그에 의하면 형상은 활동적이며 질료는 수동적이다. 형상을 취하여 질료는 현실적인 것이 된다. 예로 대리석이 그냥 질료일 뿐인데 꼴(형상)을 얻어 인간 모양의 상이라든지 하나의 개물(個物)이 되는 것이다. 그러므로 모든 실체는 질료와 형상의 통일을 통해 이뤄지는 것이고 이때 질료는 가능태(可能態, dynamis)인 것이고 형상은 현실태(現實態, energeia)인데 이때 형상은 질료가 실현하려는 목적이 된다.

이리하여 세계는 가능태인 질료가 목적인 형상을 실현하여 현실태를 얻어가는 발전이라고 생각되었다. 이때 발전의 최고 단계 또는 그 목적 자체인 형상은 형상 중의 형상이며 그 이름이 순수 형상이고 그게 아리스토텔레스가 말하는 신인 것이다.

신학적인 조명을 좀 해보자면 이분들이 모두 궁극적 실재를 찾거나 존재의 본질을 구하기 위해 사유(思惟)한 것은 중요한 일이기에 이들의 탐구 결과를 참고는 하지만 어디까지나 유한한 인간의 이성으로 탐색한 결과물들이기 때문에 지식으로 머무를 뿐 우리의 존재 문제를 해결해 주는 것은 아니다 라는 한계를 갖는다.

인간의 이성은 인식 능력에 한계가 있어서 영적이고 형이상학적인 차원은 추론(推論)일 수밖에 없다. 세계를 창조한 주체인 제일원인자의 계시에 근거하지 않으면 그저 이런저런 지식에 회유당하다가 좌절할 뿐인 게 된다. 신학이나 신앙하는 행위는 이성을 계시에 복종시켜 창조의 주체가 되신 분을 만나 구원받는 일이다. 그분의 화육(化肉, Incarnation)이신 그리스도를 만나고 성령과 성경을 통해 하나님을 만나고 구원을 얻게 된다. 기독교인의 고백일 뿐이라고 할지 모르나 존재세계의 본질을 해명하고 우리 영혼이 구원 받고 영생 얻는 길은 기독교의 복음 밖에 없다. 성경에 근거하지 않고 그리스도 안에 있기 전에는 구원과 참된 형이상학을 얻을 길이 없다. 플라톤, 아리스토텔레스가 구현한 학문의 결과물들은 보편적 지식으로 큰 영향을 미치고 있으며 참된 지식을 얻고자 하는 이들이 거쳐야할 관문인 건 맞다. 하지만 이들의 지식에 창조주 하나님을 만나거나 죄와 죽음의 문제를 해결하고 영혼이 구원 얻어 영생하는 복음과 진리는 없다.

고대인들이 세계를 이해해보려는 각고의 노력이고 그 산물일 뿐이다. 이데아나 순수 형상, 즉 부동의 원동자 모두 많은 시사점을 주기에 학습하고 참고하지만 계시와는 다른 인간 이성이 추론한 지식으로 머물게 된다. 세상의 지식에 구원 능력이 없기 때문에 성경은 세상 지식을 철학으로 통칭하면서,

> 누가 철학과 헛된 속임수로 너희를 사로잡을까 주의하라
> 이것은 사람의 전통과 세상의 초등학문을 따름이 아니니라
> 하셨다 [골 3:8]

바울이 철학을 말할 당시는 플라톤과 아리스토텔레스의 철학이 지배하는 시대였기 때문에 계시의 수여자로서 이들 철학의 한계와 심지어 해독과 위험성마저 지적하고 있음을 간과하지 않아야 하겠다.